JN000889

日本経済
政策学会
叢書
2

地域創生，
そして日本創生へ

小淵洋一・谷口洋志・柳川隆 ［編］

勁草書房

目　次

特集 **1**　地域創生，そして日本創生へ

特集 **2**　経済政策展望：財政政策

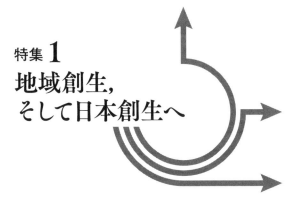

特集 **1**
地域創生,
そして日本創生へ

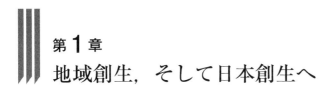

第1章
地域創生，そして日本創生へ

貫　真英

はじめに[1]

　2014年5月，日本創生会議（座長増田寛也氏）が発表した「2040年までに日本の地方自治体の約半数に当たる896の市町村か消滅する可能性がある」という報告（通称増田レポート）は，社会に大きな衝撃を与えたばかりでなく，地域創生が政府の重要な政策課題として大きく取り上げられることにも影響を与えた．2014年秋の臨時国会においては，「地方創生」が目玉ともされた．これは，ローカル・アベノミクスとも呼ばれ，国の重点政策の1つともなっている．2014年9月に「まち・ひと・しごと創生本部」が創設され，12月には「長期ヴィジョン」と「総合戦略」が決定されたことで，各地方自治体には，それらに対応した取り組みが求められるようになった．

　現在，全国の各地域で進行している人口減少や経済の衰退は，地域の疲弊をもたらし，それは国家の疲弊へとつながっている．こうしたことから，各地域の持つ特性，換言すると「地域の魅力」をどのように引き出すか，あるいは創生するかについて，日本各地で活発な議論がなされている．しかしその一方で，地域創生施策の多くが国主導で展開されているとの批判もある．国主導による地域創生には，人やモノの移動を妨げるような制度や規制が依然として多く存

1）本節「はじめに」の内容は，日本経済政策学会第76回大会の趣意文を一部改編したものです．大会趣意文は大会運営委員会において，小淵洋一委員長以下，庭田文近委員，望陀美美子委員，柳澤智美委員と共同で作成されたものであり，その作成と今回の使用について，心より感謝いたします．

在する．このように，地域創生の政策主体のあり方や，その制度・規制の妥当
性を評価・検討することは，まさに経済政策の重要な課題であろう．

　ところで，本書のテーマを「地方」創生ではなく，「地域」創生としたのは，
いわゆる"都市"と"地方"の対立構造として問題を捉えるだけでなく，都
市・地方を問わずいずれの場所においても「地域」の創生が必要であるという
ことを内包したいからである．例えば，東京を含めた首都圏は，一般には地方
というよりも都市の範疇に入るとも考えられる．しかしながら，首都圏の都道
府県においても，多くの地方が抱えるものと同様の問題に直面している．その
1つが人口減少問題である．国立社会保障・人口問題研究所の地域別将来推計
人口によれば，首都圏の今後の人口減少は全国的にみれば相対的に緩やかであ
るが，域内の地域間格差は広がることが予想されている．例えば，埼玉県では，
東京都市部に近い南部に比べて北関東に近い北部や西部の多くのエリアにおい
ては人口減少がより深刻であり，それにともないさまざまな問題が顕在化しつ
つある．また，東京都でさえも，西部地域では，奥多摩町や檜原村など市町村
レベルでは過疎化がおこっており，都市的特性と地方的特性の双方を併せ持っ
ている．

　近年，地域創生が大きく問題視されるようになったのは，これまでの地域再
生・活性化政策では対応できない状況に直面しているからにほかならない．そ
の状況を打破するためには，都市・地方を問わず各地域が自らの特性を活かし
た自律的かつ持続的な発展を目指す新たな地域創生が求められる．いまこそ国
と地域が一体となり，「地域創生」から「日本創生」が必要であるという共通
認識を持つべきである．

　本書で取り上げる第 2 章以降の 4 つの論考は，大きく分けると，（1）行政に
よる地域創生の取り組みを理解することを目的とする上山論文・谷口論文，そ
して，（2）企業による地域創生の取り組みを理解することを目的とする末永論
文・石坂論文，というように 2 つのタイプからなっている．以下では，簡単に
各論文の紹介と補足的解説をしておこう．

地域創生の行政による取り組み

　本書の中で，上山信一氏は，近年の地方自治体における行政改革の中で最も

人々の耳目を集めたと言ってよい．大阪維新の会の下での大阪の行政改革を紹介している．上山氏は大阪維新の会の顧問を務め，改革を推進したメンバーの一人である．維新による行政改革の前，大阪の惨状は一部の人たちの間で話題になっていた．大正時代に日本最大の都市であった大阪は，長らく東京と並ぶ日本経済の中心地であったが，近年は大きく東京に水を開けられている．その原因とされてきた大きな理由の1つが，大阪における地方行政の機能不全である．

　大阪府の中には独立性の高い政令指定都市である大阪市が存在する．この大阪市と大阪府の間で機能が重複する二重行政により多大な無駄が発生していることが長年指摘され，「不幸せ」にかけて「府市合わせ」と言われてきた．また，豪華な箱物施設がたくさん作られているが，その後の運営がうまくいかず惨憺たる利用状況であることや，地方公務員の労働組合の力が強すぎ，政治家も組合の票を当てにしているために改革ができないことなども長年指摘されてきた．大阪からは企業の本社が次々に東京に流出し，府や市の財政も極度に悪化，いつ再建団体に転落するかとも噂されていた．インターネット上には，大阪の惨状を豪華な施設の写真とともに面白おかしく紹介しているサイトなどもあり，そのあまりに酷い状況は一種のブラックジョークとして扱われる状況だった．

　そのような中で，既得権益に戦いを挑み大阪の改革を掲げた大阪維新の会の出現は，その中心人物であった橋下徹の敵対や喧嘩を厭わない過激な言動とともにニュースでたびたび取り上げられるようになる．弁護士出身だった橋下氏は，徹底的に議論を行って相手を論破し，また優秀なブレーンとなる人物を多く登用していくやり方で数々の改革を断行した．だが，最大の目標であった大阪府と大阪市の統合は，2015年5月に大阪都構想の賛否を問う住民投票である大阪市特別区設置住民投票において否決される．反対705,585票に対して賛成694,844票，わずか0.8ポイントの僅差であった．橋下氏自身はこれによって政治家を引退することになるが，現在も大阪維新の会は関西地域で圧倒的な支持を得ている．上山論文は，一人の当事者としてこの大阪改革を紹介するものである．

　一方，谷口眞司氏は，日本の行政府の中でも最も権限が強いとされる財務省，

その総合出先機関（地方支分部局）である地方財務局の地域振興の取り組みを紹介している．谷口氏は現役の財務省大臣官房地方課長である．国主導で行われる地域創生事業の多くは，中央省庁を経由しておこなわれることになるが，これに関して批判があることは先に述べた通りである．一般に，国主導の政策は，基本的には国主導でやることが望ましいと考えられているからこそおこなわれるものであるが，ここでいう「望ましい」には 3 種類があることには注意が必要であろう．

　1 つ目は，政策主体として考えた時，国がやることが理論的に考えて最も効率的であり妥当性があるものである．例えば，地方間の極端な財政格差を是正するための財政の再分配のようなことは国にしかできないであろうし，各地域が行っている効果的な政策を共有するプラットフォーム機能も国に求められるべきものであろう．また，ある種の調査や翻訳などは自治体ごとにやっていては同じ作業の重複になり非効率なものも多い．再分配機能，情報の共有化やルール作り，そして国の規模で「規模の経済性」が働く財・サービスの供給は，どこまですべきかという議論はあるにせよ，国によってなされるのが望ましいものとして共通理解が得られているものであろう．

　国主導で行われている政策の 2 つ目は，国がやることが論理的に考えると非効率性を有するが，現状の制度の下では代わりとなるシステムが存在しないために国が行っているものである．地方のニーズに合わせる必要がある政策は，各地方自治体の方が状況をよく理解しているはずであり，また機動的に対応できる．だが，それを実現するための予算や組織が現状においては地方自治体になく，国の機関が行っているというものものがある．例えば，財務局は全国を 9 ブロックに分け，ブロック単位で活動しているが，各地方自治体はそのような広域的な繋がりをほとんど持たないため，広域的政策を考える時，財務局の役割はどうしても大きくなることになる．このようなものに関しては，大阪における二重行政問題と同じく，どのような区分けや役割分担が適切であるか再考されるべきであろう．ここで具体的に何をどうすべきかについて考察を行う余裕はないが，読者の方々には，ぜひ批判的な検討を加えていただきたい．

　そして，国主導で行われている政策の 3 つ目は，国がやることが望ましいか見解が分かれるが，国家や社会に対する中央集権的な価値観を良しとすること

によって行われているものである．本来われわれの社会的アイデンティティー
は多層的な構造を持っているが，近代社会は国家という枠組みを強調し，あた
かも国家を1つの生き物のように機能させることによって発展してきた．そこ
で，頭脳となる中央官庁が国家をコントロールすることは自然な考えであった．
一方，近年，脱中心的なネットワークとして社会を記述するアクターネットワ
ーク理論により，社会的な仕組みを組み直すことも考えられるようになってき
ている．各地域をマクロな人間集団として捉えた時，そこでの思いもよらぬ挙
動は，中央官庁を経由してコントロールするのではなく，その規定因子のいく
つかを抽出し横につなげた方が，よりダイナミックな展開が期待できる可能性
がある．このように，全体性から記述しようとするのではなく，小さいものの
繋がりから発達して社会の潜在的な力を引き出そうとする試みは，近代的な意
味での「強い国家」観とは対立するものであるが，各地域のポテンシャルをよ
り引き出すことができるとすれば，より強化された地域の集合体として新しい
意味での強い国家を実現することになるであろう．

　以上，上山氏と谷口氏の論文の簡単な紹介と補足を行った．そこで示された
行政の取り組みから俯瞰的に浮かび上がってくるのは，行政の権限や役割の境
界線に関するものであり，これは道州制の議論とも繋がる，国家の本質的な枠
組みを再検討するという課題である．地域創生に関する個別具体的な政策の検
討とともに，われわれは困難ではあるがより本質的な問題に対しても対峙して
いかなければならない．

企業による地域創生の取り組み

　末永國紀氏の研究は，近江商人の歴史的研究であり，本書の中でもユニーク
な位置づけにあるものである．末永氏は近江商人研究の第一人者であり，現在
は近江商人郷土館館長を勤められている．近江商人は中世から近代にかけて日
本で最も活躍した商人集団であり，日本全国にその商業ネットワークが広がっ
ていた．近江という狭い地域からなぜそのような商人集団が輩出されたのか，
現代の地域創生におけるヒントがそこに隠されているように思われる．

　近江は現代の滋賀県に相当する地域であり，現在の滋賀県は至って長閑な田
園が広がる地域である．この地域で近江商人が生まれたのは，第1には東山道

や東海道が通る交通の要所であることが理由に挙げられる．しかし，近江以外にも交通の要所とされる地域が多数あったことを考えると，同じような商人は日本のあちこちに生まれてもおかしくない．あるいは実際に生まれたのかもしれないが，近江商人が日本を代表する商人となったのは，複式簿記やチェーン店舗の展開などさまざまな合理的革新が行われたことも理由といえるが，最も大きな要因は，他の地域の商人を凌ぐネットワークの構築と商道徳にあったように思われる．そして，これらの 2 つはある意味で繋がっている．

　近江商人のネットワークは，京都，大阪，江戸を中心に蝦夷や東北地方に至るまで全国に広がっていた．末永氏の研究によれば，北関東も近江商人の牙城だったとのことだが，そのような広範な経済ネットワークの構築は，各商人や商家単体で可能なものではなく，助け合いという意味である種の利他的な精神を必要としていたはずである．そのような利他精神は近江商人の商道徳として有名な，「三方よし」（売り手，買い手，世間の三方にとって良い商い，すなわち売り手と買い手が喜ぶだけでなく，地域社会の発展や福利の増進に貢献しなければならないという教え）や「陰徳善事」（人知れず善い行いをすること）という思想にも現れており，彼らは実際に，地域の学校建設など，産業の活性化以上の役割を担っていた．そこでは，まさしく企業による地域創生が行われていたのである．

　石坂典子氏は埼玉県を拠点とする石坂産業の経営者だが，近江商人的な企業道徳を実践し，経営を軌道にのせるとともに地域の森林再生など地域創生を担っている．石坂産業が営むリサイクル業は環境問題の発生源になりやすく，石坂産業が変わるきっかけとなった所沢ダイオキシン報道だけでなく，1980 年代に世間を揺るがし循環型社会促進基本法や各種リサイクル法が整備される契機になった香川県豊島の産業廃棄物不法投棄事件など，これまでその社会的必要性にもかかわらず，地域からは歓迎されない，典型的な NIMBY（“Not In My Back Yard”，わが家の裏には御免の意）問題を抱えた業種であった．

　リサイクル産業が問題を引き起こしやすいのは，経済学的に考えると，その市場が，リサイクル原料の生産と適正処理という 2 つの財・サービスを同時に扱う結合生産物の市場であることが大きい．このため，廃棄物の引き取り価格は，正の価格（有償）と負の価格（逆有償）の両方をとりうる複雑なものにな

っており，特に情報の非対称性がある状況下では逆選択がおこり，適正処理業者の方が市場から淘汰されてしまうことがおこりうる．また，他社と差別化の難しい完全競争に近い市場であるため，そこでの企業は一般にプライステイカーであり，利潤を高めることも難しい．このような市場環境の中で，適正処理のために業界の標準を超える多大な投資を行うということは，大変な勇気を必要としたはずである．

　しかし，彼女の挑戦は成功を収めている．差別化の難しい市場において，適正処理を徹底的に追求しかつその情報を完全にオープンにすることで差別化に成功した．さらに，地域の清掃や森林保全にも積極的に取り組み，近隣住民からの信用も得ている．先ほどリサイクル市場で問題が起きやすい理由をその市場構造にあると述べたが，もう 1 つ指摘するならば，環境基準そのものに対する人々の信頼性の低さも大きな理由であろう．例えば，水俣病においては，当初，有機水銀は人体への有害性がないものとされていたにもかかわらず大変な人的被害をもたらし，その有害性の科学的証明までに長い年月を要した．また最近では，東日本大震災の時に，放射能にかかわる政府の土壌汚染基準に対して不安が広がり問題となった．科学的知見は常に更新されうるものであることを考えるならば，リサイクル産業において人々の信用を得るためには，法律を守る以上の行動が必要となる．そこにはある種の利他的精神や道徳が必要とされたと言えるのかもしれない．

　近江商人や石坂産業に見られるような利他的な行動哲学は，アダム・スミスを源流とする西洋由来の経済学の中で，ほとんど省みられてこなかった．アダム・スミス自身は，市場が正常に機能するうえで，共感という利他性の役割に注目していたが，そこでの共感の役割は，人々が市場のルールを守り市場の競争を機能させることに必要なフェアプレーの精神を生み出すためであり，基本的な行動原理は利己的なものを想定している．また，資本主義の精神を生んだとされるプロテスタンティズムにおいても，マックス・ウエーバーによれば，彼らが勤勉に働くのは，自らが救済される人間である確信を得たいという利己的な動機とされている．このように見てみると，近代における資本主義の原理は，基本的に利己的動機を肯定する世界観によって構築されているようであり，実際にそのような批判はしばしば経済学や資本主義社会に伴う格差や貪欲さに

対しておこなわれてきたものである．

　一方，日本経済においては，商道徳は近江商人に代表されるように，経済活動において重視されてきたと言える．近代日本経済の父と言われる渋沢栄一はその著書『論語と算盤』において，「富をなす根源は何かといえば，仁義道徳．正しい道理の富でなければ，その富は完全に永続することができぬ」と述べている．また，日本を代表する経営者である松下幸之助や稲盛和夫も倫理教育の重要性を説いていることは有名であろう．西洋においても商道徳を重視する会社や経営者はもちろんいるが，その比率は日本において多いように思われる．その理由を求めるならば，渋沢栄一が仁義倫理なくしては「永続することができぬ」と述べているように，日本社会が持続性を重視する社会であるためとは考えられないだろうか．これは世界的に見て老舗企業が極端に多いこと，高野山奥之院の燈籠堂で 1000 年近く燃え続けている「消えずの火」，そして世界最古の王朝である天皇家の存在などにも現れているように思われる．だとするならば，われわれは地域や社会の持続性を志向する時，もう一度倫理や道徳を見つめ直す必要があるのかもしれない．

おわりに

　2019 年，フロリダで行われた世界最大級の現代アートの美術展，アートバーゼルにおいて，イタリア人アーティストのマウリツィオ・カテラン氏による「コメディアン」というタイトルを付けた本物のバナナを使った作品が観客によって食べられるという事件があった．この作品はフランスの美術商によって 12 万ドル（約 1300 万円）ですでに購入されていたが，主催のガレリア・ペロタン氏はメディアの取材に対し「作品は破壊されてはいない．この作品はアイデアだ」と述べたとされる．だとすると，この作品を買ったフランス人の美術商は一体何に対してお金を払ったのであろうか？

　さまざまなものがバーチャル化していく中で，価値の実態がますます曖昧なものになってきているように思われる．しかし，考えてみると，価値とはそもそも昔からそのようなものであったのかもしれない．例えば，ヤップ島で昔使われていた石貨は，冠婚葬祭時に贈られる一種の儀礼的贈答品として使われ，大きい石貨はそのまま置かれ，所有権のみが移行した．ある石貨は，島外から

運ぶ最中に筏が難破し，海中に沈んだが，島民がその海中の石貨を運んでいた者の所有物として公認し，その後も贈答品の取引に使われていたという．奇妙なことのように思えるが，兌換紙幣ではない現在われわれが使う貨幣は本質的にはすべてこの石貨と同じく，価値を持つと考える人々の中で共有され，その価値を示す金額の所有権だけが意味を持っている．

　そう考えるならば，地域が持つ価値というのも，生産性とは別に，人々がその地域に価値があると信じているか，その想いを共有しているか，という点が重要と言えるだろう．近年，映画やアニメーションの舞台になった土地を「聖地巡礼」と称して訪れることが若者の間で流行っているが，これは何気ない風景の中にある作品に登場したという価値を見出す行為であり，たとえその作品が幕末期のもので現在とは全く風景が変わっていたとしても，その土地に立つことには意味がある．経済学で地域創生を考える時，つい単純に雇用の創出や生産性の向上といった点のみを考えがちである．しかし，その地域の創生というのは，生産性や雇用の創出の前提として，その地域に価値を感じている人々の意識によって成り立つものであり，そして，その価値の創造には，意外と道徳や利他的精神が重要な役割を果たしているのではないだろうか．

　われわれ日本人は島国という閉鎖された空間の中で長い年月を過ごしてきた．そこでは，収奪的経営で資源がなくなれば他にフロンティアを求める戦略をとることもできず，1つの場所にしがみつき，子孫に後を託すべく命を繋いできた歴史がある．日本の各地域にはそれぞれにそのような営みがあり，地域や子孫に想いを馳せる利他的精神を持つ経営が行われてきた可能性が高い．だとすると，そこにはミクロ経済学的なアトミズム的世界観で簡単に還元しえない個と社会の関係が隠されている．これは持続可能な社会が求められている現代において，世界が目指すべき1つの方向性を示している可能性があり，そこでは日本の経済研究者が果たすべき役割があるのではないかと筆者は想像している．

　一方，行政に目を向ければ，現在，持続性や継続性とは別に，行政の地域区画や役割分担など，本質的構造において変革を求められていると言えるだろう．大阪で行われている現在進行形の改革はその希望であると個人的には考えているが，そこで繰り広げられている政治闘争は，変革の困難さも十分に示している．日本人が持つ持続性を大切にする気質や「和をもって尊し」とする道徳心

は，変革を必要とする局面においてはマイナスにも働きうるものである．そして経済的合理性だけを考えるなら，このまま時代の趨勢に逆らわず，東京に一極集中させ，地方の村落や都市などは消滅させる方が良い可能性もある．われわれは，継続させるべきことを継続させる道徳心，変えるべきものを変える勇気，そして，何を変えるべきかを分別する知恵を持たなければならない．経済学がその知恵を担えること，そしてこの本がその一端を担えることを願っている．

第2章
地方創生に向けた財務局の取り組み

谷口 眞司[1][2]

1. はじめに

　地域活性化は，歴代政権が重要課題として取り組んできているが[3]，わが国は平成20年をピークにすでに人口減少が始まり，少子高齢化が進む地域の再生は一層困難度が増してきているといえる．

　平成24年12月に発足した安倍内閣においても，「地方創生」として，人口減少と地方の衰退の問題に一体的に取り組んできている．平成26年9月には，「まち・ひと・しごと創生本部（内閣総理大臣を本部長，地方創生担当大臣および内閣官房長官を副本部長とし，すべての国務大臣を本部員とする）」が設置され，平成26年11月には，まち・ひと・しごと創生法（以下「創生法」という）が成立した．平成26年12月には，「まち・ひと・しごと創生長期ビジョン」（以下「長期ビジョン」という）と「まち・ひと・しごと創生総合戦略」（以下「総合戦略」という）[4]が策定された．自治体は，国の総合戦略を勘案して平成27

1）財務省大臣官房地方課長．
2）本章における意見にわたる部分は，筆者の個人的見解であり，その属しているまたは過去に属した組織の公式見解を示すものではない．
3）池田内閣の全国総合開発計画（昭和37年10月閣議決定），佐藤内閣の新全国総合開発計画（昭和44年5月閣議決定），福田内閣の第三次全国総合開発計画（昭和52年11月閣議決定），中曽根内閣の第四次全国総合開発計画（昭和62年6月閣議決定），橋本内閣の21世紀の国土のグランドデザイン（平成10年3月閣議決定），等々．

年度末までに創生に関する目標や施策に関する基本的方向性を内容とする「地方版総合戦略」を定める努力義務を負うこととされており，平成 28 年度から本格的な実施段階に入っている．令和元年度は，第一期総合戦略の最終年としての総仕上げの年であり，UIJ ターン等を促進するための政策パッケージの着実な実行，地方の魅力を高めるまちづくりの推進，等が進められている．同時に，第一期総合戦略の進捗状況等，これまでの取り組みの成果や課題の検証が行われるとともに，令和元年 12 月には，令和 2 年度から始まる第二期総合戦略が策定された[5]．

　財務局は，地域における財務省の総合出先機関（地方支分部局）として，また，金融庁からの法令に基づく事務委任を受けて，財政，国有財産，金融等に関する施策を実施している．財務局が，その機能をより良く発揮し，地域経済により貢献していこうとの考えのもとで平成 24 年度より財務局の機能強化が進められてきた．機能強化の中で地域連携の取り組みを一層推進してきている．平成 27 年度には，各自治体で「地方版総合戦略」の策定が進められるなかで，これ以降，財務局は，地方創生への貢献を最重要課題として取り組んでいる．

　本章では，まず，次節において，財務局の業務やその特徴等を整理し財務局が地方創生を支援する意義を論ずる．第 3 節から第 5 節では，財務局が具体的に取り組んでいる地域貢献，地方創生支援について体系ごとに現状と課題について論じる．第 3 節では，草の根レベルでの取り組みとして「財政教育プログラム」，「子育て世代層向けセミナー」について，第 4 節では災害復旧・復興への貢献について，第 5 節では財務局が有する既存のネットワークを発展させたプラットフォームを通じた地域貢献について，それぞれ具体的内容を示しながら，直面している課題，今後の方向性等を論ずる．第 6 節で今後の展望について総括する．

4）総合戦略は，長期ビジョンを踏まえ，平成 27 年度を初年度とする 5 年間の政策目標や施策の基本的方向，具体的な施策をまとめたもの．

5）第二期総合戦略では，都市に住みながら地方と交流する関係人口の創出・拡大の取り組みなどが追加されている．また，自治体においても，令和 2 年度から始まる新 5 か年計画（新地方版総合戦略）の検討が進められている．

2. 財務局とは——財務省・金融庁の地域の窓口として国と地域を繋ぐ

　財務局は，財務省の総合出先機関であり，また，金融庁からの事務委任を受けて，地域の特性を踏まえながら財政や金融に関する政策を担っている．財務省・金融庁をはじめ国の施策を広報するとともに，地域の声や意見・要望，実情を把握し本省庁に的確かつ迅速に伝達し，効果的な政策形成に寄与している．また，地域の特性を踏まえた施策の実施を通じて地域貢献に努めている．

　技術革新等により社会環境が急速に変化するなかで，少子高齢化，社会保障，事業承継，空き家問題，所在者不明土地等の国全体の課題は，地域で先行して進んでいることが多い．また，その内容も多様性に富みユニークかつ複雑である．国としての政策を検討するには，複雑な地域の実情の正確な理解や視点が欠かせない．日本再生のために，地域の果たす役割は一層重要になってきている．

　財務局は，地域に根差した国の行政機関として地域経済を支え，国民生活の安定・向上とわが国経済の発展に貢献することを使命としている．

2.1　財務局の組織

　財務局は，ブロック単位で設置されており全国に 9 か所の財務局（北海道，東北，関東，北陸，東海，近畿，中国，四国，九州）と福岡財務支局がある．財務局・財務支局のもとには，県庁所在地を中心に 40 か所の財務事務所，13か所の出張所が設置されている．また，沖縄県においては，内閣府の地方支分部局として沖縄総合事務局が設置されており[6]，その内部部局である財務部が財務局の所掌事務を担っている．沖縄総合事務局財務部には，宮古及び八重山出張所が設置されている．このように財務局は全都道府県に拠点を有している（図表1）．財務省大臣官房地方課は，財務局および沖縄総合事務局の運営の総合的監督，連絡調整等を担っている．財務局の総定員は，4,675 名となっている（令和元年度）．

6）沖縄総合事務局長には，財務局長と同等の権限が付与されている．

図表 1 　財務（支）局・財務事務所等の設置状況

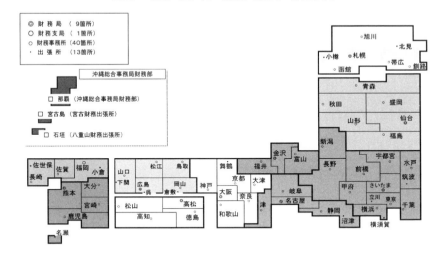

出典：財務省（2019）「地域の課題と財務局の役割〜地域経済エコシステムと財務局〜」．

2.2 　財務局の組織・業務

　財務局が担っている主な業務は以下のとおりである．

イ）財政

　①適正かつ効率的な予算執行の確保（予算執行調査等）

　②災害復旧事業の査定立会

　③自治体への財政融資資金の貸付，自治体の財務状況診断

ロ）国有財産

　①行政財産の効率的な使用のための総合調整

　②地域や社会のニーズに対応した国有財産の有効活用

　③国有財産を通じた災害対応・防災対応

ハ）金融

　①地域金融機関等の検査・監督

　②地域の中小企業金融の円滑化に向けた取り組み

　③金融商品取引等の監視

ニ）経済調査

　①地域経済情勢等の調査

　②地域の意見・要望を本省庁に伝達

ホ）広報相談

　①財務省及び金融庁の重要施策等の広報活動

　②各種団体の会合・学校・研修会等への講師派遣

　③多重債務者相談

2.3　財務局の機能強化及び地域貢献・地方創生支援の推進

　国有財産の総合調整・有効活用，自治体向け財政融資資金の貸付，金融機関の検査・監督，経済調査等の財務局の業務を適切に執行することそのものが地域貢献ではある．また，これまでもシンポジウム等の開催，財政に関する講演，多重債務者相談，金融詐欺対策講習，等を実施してきている．財務局は，従来より地域貢献，地域活性化に努めているが，平成22年に地域貢献を財務局の使命として明確化し，平成24年から地域連携を本格化してからの取り組みは，以下の特徴がある．

イ）講演型から対話型へ

　従来は，本省庁の施策を講演等の形で説明することが多かったが，対話型を重視し参加者との双方向の意見交換を通じて，より的確に実態を把握し課題を発掘するよう努めている．

ロ）部局横断的に組織一体として対応

　財務局・財務事務所等の組織体制を整備し，部署横断的に組織一体となった地域貢献の取り組みを進めている．

　平成26年11月に創生法が施行されてからは，長期ビジョン，総合戦略，地方版総合戦略（平成27年度策定）を踏まえて，地方創生に積極的に貢献することを最重要課題において取り組んできている[7]．

7）自治体が，地方版総合戦略の策定を含め地域の地方創生の取り組みを行うにあたり，国が相談窓口を設け，積極的に支援するための体制として，当該地域に愛着のある国の職員を選任する「地方コンシェルジュ制度」が平成27年2月に構築された．財務省大臣官房地方課，財務局・財務事務所・出張所からも「地方コンシェルジュ」を選任し，自治体からの相談に対応している．

2.4　財務局が地域貢献・地方創生支援に取り組む意義

　財務局では，地域活性化や地方創生のための補助金，交付金等のツールを有していないが，以下の観点から貢献できると考えられる．もっとも地域活性化，地方創生の主役はあくまで地域の人[8)]であり，財務局の地域貢献は，地域活性化に熱意をもっている地域の人を如何に支援するかという視点で取り組んでいる．

イ）経済調査を通じた地域の実情の把握

　地域活性化，地域創生のためには地域の特性，ニーズの正確な理解が必要であるが，財務局は，経済調査，自治体の財務状況把握，企業ヒヤリング，等を通じてこれらを把握できる．

ロ）金融行政

　地域金融機関は地域経済の担い手である中小企業の事業性評価を行い，投融資のみならず取引先の問題解決のためのコンサルティング，助言，人の紹介，等のサポートを行うことが期待されている．地域金融機関は地域産業の活性化に重要な役割を果たすが，財務局は金融庁からの事務委任を受けて，金融行政を担っていることもあり，地域創生に向けて地域金融機関や日本政策金融公庫，地域経済活性化支援機構（REVIC）等と各々の強みを活かしながら密接に連携できる[9)]．

ハ）財務局が構築してきた地域経済の担い手との幅広いネットワーク

　地域経済の主な担い手は，自治体，地元企業，金融機関，教育機関，研究機関，NPO，マスコミ等である．①自治体とは融資部門，国有財産部門，経済調査部門，②地元企業とは経済調査部門，③金融機関は金融部門，④他省庁出先機関，各種支援機関，教育機関，研究機関，マスコミは総務部門がネットワークを形成している．このように各部門が有しているネットワークを融合させることで地域の課題の特定や解決策等を協議できる場を組成できる．

8）ここでの「地域の人」とは，当該地域に居住している人のみならず，当該地域の活性化に関心を持ち取り組んでいる関係人口も含む．例えば，東京に在住し，週末のみ当該地域で活動する人，東京に在住しながらネット等を活用し当該地域のために貢献している人等も該当する．

9）地域金融機関と日本政策金融公庫等の連携については，財務省（2019）「地域金融機関と日本政策金融公庫等との連携状況」参照．https://www.mof.go.jp/financial_system/fiscal_finance/renkei_jirei.html

ニ）全都道府県を網羅する財務局組織・広範な機能

　地域活性化を進めていくうえで2つの壁に直面する．1つ目は行政エリアの壁である．これは自治体の課題ともいえる．広域連携を積極的に推進している自治体も多くあるが，そもそも自治体は地域住民で成り立っており議会も地域住民がバックにいるため，自らの物理的な行政エリアが施策のベースとならざるをえない．財務局は財務省の総合出先機関として全都道府県に満遍なく拠点を有することからブロック内，さらには全国ベースでの情報共有，交流，連携をサポートできる．

　2つ目の壁は行政分野の壁である．これは特に国の行政機関の限界ともいえる．各行政組織は設置法で任務，所掌事務等が定められ，特定の政策目的があり，関係業界団体を所管している．各地域ではさまざまな主体が関わり合いを持ちながらエコシステム（生態系）を形成しており，活性化のためには地域内の相互依存関係等を解きほぐしたうえでバランスのとれた対策を検討することが持続性の面でも効果的であるが，特定の行政目的を遂行する立場にあると全体像を視野に入れにくくなる．例えば，国の補助事業は，特定の行政目的の実現のためには効果的であるが，それぞれ制度的枠組みが定められており，バランスのとれた地域活性化のために活用し全体最適を実現するには工夫が必要である．財務局は財務省の総合出先機関であるが，財務省の行政が政策調整の性質を有することから特定の行政目的のみならず国の施策を全体的に俯瞰することが可能な位置にいる．財務局の各部署が構築してきたネットワークは多岐にわたり有機的に連携することで幅広く地域の声を拾い上げ地域の課題を大局的かつ長期的な観点から把握することを支援できると考えられる．

　地域活性化のためには，2つの壁を乗り越えなければならないが，財務局のネットワークや業務を通じて培ってきた分析力等を活用してさまざまな貢献ができる．

　財務局の地域連携，地方創生支援の取り組みは，概ね，ⅰ）広報活動としての草の根タイプ，ⅱ）ネットワークを発展させるタイプ，ⅲ）両方の特質を有するタイプ，の3つに分類できる（図表2）．ⅰ）の代表的なものとして財政教育プログラム，子育て世代層向けセミナー，ⅱ）の代表的なものとしてプラットフォームの形成，ⅲ）では災害復旧・復興支援，が該当する．以下で，各々

図表2　財務局の地域貢献・地方創生支援

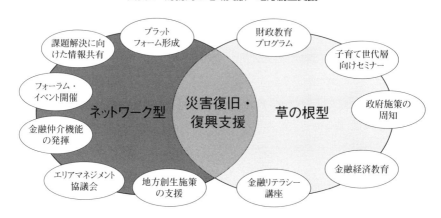

の概要，特徴，課題等について論じる．

3. 草の根レベルでの地域連携・地方創生支援

　財務局では，地域に密着したかたちで財務省や金融庁等の施策や財務局の活動を多くの人々に知ってもらうため，小学・中学・高校・大学生，主婦層，子育て世代，NPO団体，企業経営者，金融機関，経済団体等の地域のさまざまな層との座談会や意見交換会等の広報活動を展開してきている．

　幅広い層を対象とした広報活動の中でも，最近，特に財政教育プログラム，子育て世代層向けセミナーに注力して取り組んでいる．学校での広報活動は従来から出前講座等の形で実施されてきているが，これらの取り組みは，一方的に政策の内容を説明するのではなく，財務局職員と参加者との対話，参加者同士の対話を通じて関心を高めるとともに問題意識を深めることを目的としている点で従来の手法と異なっている．

　地方創生のためには，まず，地域の課題は何かを把握することが必要であるが，両取り組みとも，課題が何かを考え，解決策を皆と協力して探求する切っ掛けとなることを目指している．

3.1　財政教育プログラム

　財政教育プログラムは，全国国立大学附属学校 PTA 連合会・全国国立大学附属学校連盟との密接な連携のもとで実施してきている．国民一人一人に財政問題についての理解や関心を広めるにはどのようにしたらいいかという問題意識がプログラム実施の背景にある．

　公職選挙法等の一部改正により平成 28 年 6 月から選挙権年齢が 18 歳以上に引き下げられたこともあり，特に日本の将来を担う若い世代に財政について自分の問題として考えてもらいたいとの思いから，従来とは異なったアプローチで取り組んでいる．

　財政教育プログラムでは，財務省の政策への理解を求めるのではなく，また，特定の見方・考え方を説明するのではなく，あくまでニュートラルな主権者教育を実施している．その主な目的は，a) 日本の財政に興味を持ってもらう，b) 社会問題を他人事ではなく，自ら考えなければならない問題と思ってもらう，c) 受益と負担の両面を理解し多様な見方が重要であることを学んでもらう，d) 多様な意見を集約する民主主義的過程が重要だと認識してもらう，等々である．平成 29 年 3 月，平成 30 年 3 月に改訂された新学習指導要領では，財政教育の充実とともに主権者教育，主体的・対話的で深い学び（アクティブ・ラーニング）の視点からの学習過程の改善が盛り込まれており，財政教育プログラムは，学校教育の改善の方向性と整合しているといえる．

イ）政教育プログラムの特徴は，以下のとおりである．

①アクティブ・ラーニング形式．講演会のような一方的な説明ではなく，一緒に議論する，考える双方向型，対話型．また，グループワークにより多様な意見に触れるとともに，グループとしての考えをまとめて発表するプロセスを通じて民主的な意思決定の難しさ等も認識してもらう．財務局の職員はあくまで財政の現状に関して説明し，グループでの議論をファシリテートする，あるいはグループワークに対してコメントするのみ．

②学校外の人材である財務局の職員との交流．

③タブレット端末などの ICT 機器を使用．予算編成シミュレーションをグループで行い意見をまとめる．

④指導内容について学校と財務局で事前に打ち合わせをしたり，終了後に共

に振り返り，改善策等を検討する等，学校側と財務局の協働での取り組み.

　⑤オープンなプロセス．国立大学附属学校で実施する際には，地域の教育関
　　係者，マスコミ等に公開している．

ロ）プログラムの進め方は，学校の教員の要望等を踏まえ適宜アレンジされて
　　いるものの，概ね，財務局職員による説明[10]，グループワーク（予算編成
　　シミュレーション），グループ発表・質問，財務局職員によるコメント，教
　　員と財務局職員での振り返り，の手順で実施されている．

ハ）附属学校教員の指導のもとで，小学校，中学校，高等学校用に各々教材を
　　開発している．

　①小学校では，「日本村の予算をつくろう」をテーマとして，人口100人で
　　予算が100万円の日本村を想定し，日本村の発展のために限られた予算を
　　どのように配分するか，どのような歳入構成にするか等を考える．

　②中学校では，「財務大臣になって予算をつくろう」をテーマとして，実際
　　の国の予算をベースとしたシミュレーションを行い主権者としての意識を
　　醸成する．

　③高等学校では，「社会保障改革プランに挑戦」をテーマに，受益と負担が
　　アンバランスな状態になっている日本の社会保障制度を持続可能で安心な
　　制度にするための改革プランを立案する．

　また，国税局の方でも，以前から，次世代を担う児童・生徒に税の意義や役
割を正しく理解してもらい，税に対する理解が国民各層に広がっていくことを
願って学校等において「租税教室」を実施している．財政教育プログラムとも
ども主権者教育の目的にかなうものであり，また，両者の関連性・親和性が高
いことから，連携強化を積極的に進め実施計画，カリキュラム，教材の調整等
を図ってきている．

　参加した学生には，アンケートを実施している．理解度等に関する5段階評
価[11]に加え，「日本をよくしていくために，予算について今後どうすればいい

10）学校の教員により事前に準備授業が行われる場合もある．

11）「①授業や課題に積極的に取り組むことができた．②授業内容を自分なりに理解することができ
　　た．③授業のスピードはちょうどよかった．④教え方や教材等に工夫が感じられる授業だった．⑤
　　財政問題について関心が高まった．⑥財政問題に関する知識が身に付いた．⑦財政問題について自
　　らの考えを深めることができた．」の質問項目について，「A：たいへんそう思う　B：そう思う

と思いますか.」,「この授業で, 勉強になったことはどんなことですか.」,「授業の中で, むずかしかったことはどんなことですか.」との質問項目を設け自由記載を求めている. 5 段階評価では, 理解度, 関心, 知識の面で概ね高い評価が得られており, 自由記載の設問では,「財政の仕組みがよくわかった」,「予算策定がいかに大変なことかわかった」,「未来のことも考えながら計画的, 多面的に考えることが重要」,「バランスをとりながら借金返済も進めるのは難しい」,「単に借金を減らせばいいのではなく, 国民の生活の安定が大切」,「高齢者の社会進出が必要」等々の意見が出されていた. グループでの討議や発表, 意見交換, さらにアンケートを踏まえれば, 参加者の財政への問題意識を高める一助になったといえる.

3.2　子育て世代層向けセミナー

　財務局では, 次世代の将来の生活に高い問題意識を有している子育て世代層に対して, 安心できる資産形成・ライフプランや教育資金等の関心が高いテーマとともに, 財政について知ってもらう機会として広報活動を展開している.

イ）活動場所等

　子育て支援センター, 図書館, 公民館等の子育て世代が集まりやすい場所で実施している. また, 子育て支援 NPO 法人, 幼稚園・保育園とも連携して広報機会の獲得に努めている.

ロ）セミナーの概要

　各財務局・財務事務所で工夫し親しみやすい資料の作成に努めているが, 概ね子育て世代の関心が高いライフプラン（教育資金, 住宅資金, 老後資金), マネー講座, 各種税制度（セルフメディケーション税制, 住宅ローン減税, 等）などの紹介に合わせて,「受益と負担」を中心に社会保障と税の関係等の財政の課題を説明している.

ハ）実施形態

　各財務局で子育て世代が参加しやすいようにさまざまな工夫を凝らしている. 具体的には, 下記のとおり.

　C：変わらない　D：あまりそう思わない　E：まったくそう思わない」の回答を求めている.

①子供連れでも参加できるように「車座形式」で実施.

②参加者の共感を得るため子育て経験のある女性職員が講師を務める. その他，ニーズに応じて夫婦をイメージした男性職員と女性職員のペアで講師を務める.

③紙芝居を活用する，掛け合い方式で説明する等の親しみやすい雰囲気を醸成.

④子育て支援団体主催イベントにおいて「お買い物ごっこ」ブースを出展し，親子で楽しみながらお金について学ぶ機会を提供.

⑤お菓子作り教室等の地域イベントの開催にあわせて実施.

3.3　財政教育プログラムの諸課題

財政教育プログラムは，平成27年6月に大阪教育大学附属平野小学校で初めて実施して以来，急速に拡大し，平成30年度には国立大学附属学校のみならず公立校，私立校も含めて182校（小中学校・高等学校）で実施している[12].

このように急速に拡大したのは，全国国立大学附属学校PTA連合会・全国国立大学附属学校連盟からの多大な支援があったからといえる. 教材作成にあたり附属学校の教員より多くの示唆を得た. また，授業の進め方からアンケートの回収方法に至るまで，教員よりきめ細かく助言を受けた.

繰り返しの実施要望や新規の申し込みが多数寄せられており，財政教育プログラムに対する期待が示されている以上，今後とも充実化を図っていく必要があるが，主な方向性として以下の4点が考えられる.

イ）特殊学級との連携「心のバリアフリーの実現」

例は少ないものの，特別支援学校においても財政教育プログラムを実施している. 政府全体としても世界最高水準のユニバーサルデザイン，特に心のバリアフリーの推進を目指しており[13]，特別支援学校からの実施要望にも対応できるようにしておく必要がある. その際，情報の受け取り方等の面できめ細か

---

12) 平成27年度から平成30年度までに，延べ375の小中学校・高等学校（附属校175校，公立校154校，私立校46校）で実施し，3万人を超える学生が参加.

13) 「2020年東京オリンピック競技大会・東京パラリンピック競技大会の準備及び運営に関する施策の推進を図るための基本方針」（平成27年11月27日閣議決定）参照.

い配慮が必要なため，担当教員と協力のうえ，綿密な準備が重要である．将来的には，特別支援学校と普通校との協働によるプログラム実施も考えられる．

ロ）自治体との連携

　財政への問題意識という面では，自治体の財政は生活に直接関係する項目も多く，より身近でイメージが湧きやすいのではないかと思われる．こうした意味で自治体と財務局とが連携し，自治体の財政，国の財政と順序立てて取り扱うことで受講者の理解も深まり，より幅広い観点から課題を把握することが可能となると考えられる．平成31年2月，宮城県角田市立金津中学校では，金津市役所職員の協力のもと，市の財政から始まり国の財政課題へと展開する形で授業が行われた．具体的な実施例は少ないが，財政教育プログラムの充実策として一考に値する．

ハ）教育学部・教職大学院での実施

　事前の準備授業を学校の教員が行うことがあるが，当日の授業では，財政状況の説明，グループワークの補助，発表，講評のほとんどの部分を財務局職員が担っている．財務局自身も研修等を通じて計画的に講師やファシリテーターを養成していく必要があるが，職員数の面での制約があることにも留意が必要である．外部専門家との交流がプログラムのポイントであることから，財務局職員の関与をなくすことは適切ではないものの，財政教育プログラムを充実していくためには，大学教育学部や教職大学院の教育課程での実施，教員免許更新時の講習などを通じて，プログラムの中核的な役割を担える教員を養成することも検討できる．東京学芸大学，大阪教育大学，金沢大学教職大学院等で実施されている体験型演習は参考となる．

ニ）教育モデルの構築

　国立大学附属学校では，これまで先進的な教育や教育研究を実施し，新教科の創設や学習指導要領の策定に貢献するとともに，国や地域のリーダーを多数，輩出してきている[14]．附属学校に対して，モデル校としての役割や地域貢献が期待されており[15]，財政教育プログラムについても，教育関係者への授業

---

14) 国立大学附属学校の使命・役割は，実験的・先導的な学校教育，教育実習の実施，大学・学部における教育に関する研究への協力，とされている．文部科学省（2016）「国立の附属学校の概要（平成28年度）」．

の公開，研究会での発表等の取り組みを引き続き実施するとともに，長期的な
課題として教員用の手引書やマニュアルの作成等を通じて教員が中核となって
プログラムを実施できる仕組みを開発することも考えられる．人事交流で附属
学校に出向している教員が積極的に財政教育プログラムに関与することで，将
来的に裾野の広がりが期待できる．

3.4　子育て世代層向けセミナーの諸課題

　子育て世代層向けセミナーは，地域のニーズを踏まえてさまざまな工夫をし
ながら実施してきている．当該取り組みは，参加者から一定の評価を受けてお
り，再度の実施要望も多く受けていること等からも，実施体制，内容の一層の
充実化を図る必要がある．その際，以下の 2 点の方向性が考えられる．

イ）金融庁との連携

　金融庁では，国民の安定的な資産形成を実現し，自立した生活を営むために，
また，デジタライゼーションの進展や成年年齢の引き下げなどの環境変化に対
応するために，金融リテラシーを高める必要があるとし，金融経済教育・投資
教育を推進している[16]．

　金融庁としても，金融教育の本格実施に向け，より効果的に金融知識を学ぶ
ことのできる教材の開発を検討している．子育て世代層向けセミナーでは，ラ
イフプラン，マネー講座等の金融の要素も多く含まれており，これらは金融庁
の推進している金融教育の内容と類似し共通点も多い．金融庁と連携して資料
や教材を充実することで，よりきめ細かく子育て世代のニーズに対応できるよ
うになる．

ロ）各地域の特性を活かした教材開発

　①北海道財務局の教材開発

　北海道財務局では，北海道大学のゼミと連携し，学生目線で NISA，確定
拠出年金，投資のリスク・リターン等のわかりやすい教材を作成した（平成 31

15）国立教員養成大学・学部，大学院，附属学校の改革に関する有識者会議が取りまとめた「教員需
　　要の減少期における教員養成・研修機能の強化に向けて」（平成 29 年 8 月 29 日）参照．
16）金融庁（2018）「変革期における金融サービスの向上に向けて〜金融行政のこれまでの実践と今
　　後の方針〜（平成 30 事務年度）」．

年 4 月）.

②福岡財務支局の取り組み（G20 財務大臣・中央銀行総裁会合のレガシー）

G20 財務大臣・中央銀行総裁会議（令和元年 6 月 8 ～ 9 日）の日本での初めての開催を受けて，福岡財務支局では招致元の福岡市をはじめ地域の各機関と連携し，会議の成功に向けた開催機運醸成，国際会議のレガシー創成のための地域一体となった取り組みを支援している．その一環として，地域経済の将来を担う福岡市内の小中高生向けに，福岡市・福岡県・福岡財務支局・日本銀行福岡支店／福岡県金融広報委員会で協働し，金融リテラシー向上を目的とした特別授業等を企画した．

会議を身近に感じ開催意義を考える機会とするため，買い物・為替変動をテーマに，キャッシュレス（QR コード）の要素も取り入れたアクティブ・ラーニング教材を作成した．平成 31 年 3 月 15 日(金)に福岡市立吉塚中学校で開催して以降，5 月までに順次，実施した（高等学校 1 校，中学校 2 校，小学校 7校）．ここで開発された教材等も為替変動やキャッシュレスに関する金融リテラシー向上を目的としたものであり，金融教育の充実に資する．

このように財務局では，地域の関係者と連携して教材開発に取り組んでいる．地域の特性を踏まえた教材も今後の子育て世代層向けセミナーの充実のために参考にできる要素が多くある．財政の現状，社会保障（受益と負担），租税の役割，資産形成の重要性等，と財政と金融は相互に連関する．財政教育プログラム，子育て世代層向けセミナーともども全体の流れを意識しながら，参加者の関心にきめ細かく応えられるよう教材が改良されていくことが期待される．

4. 災害復旧・復興への貢献

わが国は，その自然的条件から，各種の災害が発生しやすい特性を備えている．特に近年では全国的に，かつ，大規模な自然災害が発生する頻度が高くなってきており，この傾向は続くと想定されている．東日本大震災（平成 23 年），熊本地震（平成 28 年），九州北部豪雨を含む梅雨前線豪雨（平成 29 年），西日本豪雨，北海道胆振東部地震（平成 30 年），台風 15 号・19 号被害（令和元年）等と，各地で甚大な災害が発生した．さらには南海トラフ地震，首都直下型地

震等の大規模災害の発災が高い確率で想定されている．災害が発生すると，人的被害・物的被害が生じ，莫大な経済的・社会的・文化的な損失を被ることになる．尊い人命が失われるばかりでなく，住宅被害や避難者の発生，交通インフラ（道路，鉄道等）の断絶，ライフライン（電力，ガス，水道）の棄損が起きうる．また，経済活動に関しても，企業や農林水産業，公共施設の人的被害や設備機器，車両等への物的被害といった直接被害のみならず，断水・停電，物流停滞，交通寸断，取引先の被災，観光客のキャンセル，さらには風評被害等の間接的被害が幅広く生じる．

4.1　財務局における主な対応

　大規模災害発生後に，人々の生活や経済活動を一刻も早く回復し，復興に向けて対応することは，最も重要な地域貢献の 1 つであり，財務局では概ね以下の 5 つの取り組みを行っている．

イ）被災自治体等支援

　被災自治体，商工団体，金融機関等から，早期の復旧・復興に向けて財政，金融，人的支援等に関する要望を聴取している．要請に応じて財務局の職員を自治体に派遣し，避難所運営支援，罹災証明書等各種証明書発行支援，義援金受付支援等を行っている．

ロ）災害査定の迅速な実施

　災害で，公共施設や農地・農業用施設等が被害を受けた場合，管理者である自治体が復旧する．一方，復旧に多額の資金が必要となり，自治体単独での対応が困難な場合は，国が経費の一部を負担・補助する制度がある．自治体が被災施設を所管する主務省（国土交通省，農林水産省等）に対して災害復旧事業費を申請し，主務省の災害査定官が現地調査等を実施し災害復旧事業費の査定を行う．財務局の立会官は財政を主管する財務省の立場から，公正・適正を期するために立ち合い，災害の状況や国が負担する災害復旧事業費の調査を行い，災害査定官とともに災害復旧事業費を決定している．財務局では自治体からの災害査定の手続き等に関する相談に応じるとともに，自治体や主務省の体制が整い次第，直ちに立会官を派遣し，災害復旧事業の決定・円滑な実施に貢献している．

ハ）財政融資資金の長期・低利での貸付等

　災害発生に伴う緊急の資金需要への融資（災害つなぎ融資），支払期日の延長等により，被災自治体への円滑な資金供給を図っている．

ニ）金融面における被災者支援

　災害救助法が適用された地域の金融機関等に対して，被災者の状況（預金証書，通帳の紛失等）に配慮した金融上の措置（預金払い戻しや保険金請求における弾力的な対応等）を適切に講じ，迅速に対応するよう要請している．また，被災者の住宅ローンや事業性ローン等の問題解決のため，弁護士会と連携し，一定の要件のもとで金融機関の同意を前提として債務整理（債務の免除・減免）を行う際の準則「自然災害による被災者の債務整理に関するガイドライン」を地域金融機関，企業経営者，被災者等に案内している．さらに，被災者からの金融取引・サービス全般（預金，融資，保険等）に関する質問や相談を受け付ける専用ダイヤルを設置している．加えて，地域経済活性化支援機構（REVIC）が，地域金融機関等と連携し，被災事業者の事業再建をはじめとする被災地の復旧・復興を支援するための相談窓口拠点の開設をサポートしている．

ホ）利用可能な国有財産情報の提供・使用

　自治体を通じて所管する利用可能な国家公務員宿舎を被災者に提供するとともに，未利用地を復旧作業用に活用している．

4.2　災害復旧・復興支援の今後の諸課題

イ）災害査定立会体制の充実

　民生の安定上，重要な公共土木施設等の復旧は極めて重要であり，その第一歩となる災害査定立会への財務局の対応力強化は喫緊の課題である．近年，大規模災害発生の頻度が全国規模で高まっていることを受けて，政府全体として迅速な復旧・復興を進める取り組みが進められている[17]．財務局としても短期間に多数の立会官を投入することや，他地域を管轄する財務局からの応援が必要となる事態が想定される．財務局内・財務局間応援体制の整備等を進める

17）農林水産省及び国土交通省による「大規模災害査定方針」の策定（平成 29 年 2 月），中央防災会議による「激甚災害指定の早期化に向けた運用の改善」の決定（平成 29 年 12 月），等.

ため，財務局では担当である主計部門以外の職員に対しても災害査定立会の経験や技術習得・研修等の実施を通じて，全国規模で立会応援可能者を計画的に育成し確保する必要がある．

ロ）災害対応マニュアルの充実強化

最近では，大規模な自然災害発生の頻度が高まり，かつ，全国的に生じていることから，災害対応マニュアルの再検証・充実や被災地域での経験の全国的な共有により，いざ発生した際にスムーズに対応できるように準備しておくことが重要である．

ハ）支援メニューの周知

生活再建にむけた一助としての「自然災害による被災者の債務整理に関するガイドライン」については，弁護士費用等を国が負担する等の措置をとっているものの，認知度が低く，相談件数も少ない状況にある．当該制度を含め，周知が十分でない施策に関しては，マスコミへの説明強化，自治体からの積極的広報，HPの改良，弁護士会との連携強化等の広報の充実が課題である．

ニ）地域連携の強化

災害復旧・復興には自治体，経済団体，金融機関，マスコミ，教育研究機関等との協力が欠かせないが，自然災害を機に連携が強化されるとともに新たなつながりが生まれることがある．こうして形成されたネットワークを活用して，復旧・復興のみならず，将来的な地域の発展のためにより効果的に連携していくことが期待される．

5．地域連携プラットフォームの形成

財務局では，既存のネットワークを継続的・組織的に発展させ，地域の関係者が自発的・積極的に参加し恒常的な双方向の意見交換が行われる場としてのプラットフォーム形成を推進してきている．最近では，プラットフォームをベースに，起業，事業承継，観光，防災，二次交通，中心市街地活性化，等の地域の課題に即した具体的検討を協議する場も設けられるなど多様化が進み，各財務局で独自の発展を続けている．

5.1　主な取り組み内容

最近の具体的な取り組み事例は以下のとおり[18].

イ）地域活性化に向けた機運醸成・課題発見

①東京活性化サロン等

関東財務局東京財務事務所は，中小企業，金融機関，自治体，支援機関等の異業種間のオープンな交流の場を提供し，中小企業家や自治体の関心がある生産性向上，働き方改革等のテーマを議論してきている．ネットワーク拡大の要望がある一方，少人数での充実した意見交換会の実施を希望する声も多く，オーダーメードかつ少人数による会合により経営課題の解決をサポートする場（東京活性化 “ミニ” サロン）を随時，各地で設定し，事業承継，人材戦略，中心市街地活性化，IoT，島嶼地域及び多摩地域における観光・産業振興や移住・定住促進等について講演会や意見交換会を実施している[19].

②北陸地域連携プラットフォーム

北陸財務局は，地域の産官学金言の有識者が重要課題等について意見交換・議論し，広く地域と共有・連携していく場を設置し，これまで経済・財政，人口減少，少子高齢化時代の社会保障，都市政策，北陸新幹線開業効果等について議論してきている．

③青函地域経済活性化フォーラム

東北財務局青森財務事務所と北海道財務局函館出張所は，北海道新幹線開業を契機とした青函地域における広域連携と地域活性化に向けて自治体，経済団体，関係機関，地域金融機関，政府系金融機関，国の出先機関等の関係者間の一層の広域的な協力関係の構築を目指して青函地域経済活性化フォーラムを設置した．フォーラムでは各主体の地域活性化に向けた取り組み状況，今後の課題等の共有や観光客の利便性向上等を通じた青函立体観光の活性化等について意見交換が行われている．

④地域連携フォーラム in がんう

自治体より地域金融機関が持つさまざまな情報やノウハウの提供等に期待す

---

18) 財務省財務局「地域連携事例集」参照. https://www.mof.go.jp/about_mof/zaimu/renkei/index.htm

19) 地域活性化サロンは，関東財務局管内の他の県でも実施されている.

る声が寄せられたことを機に，北海道財務局小樽出張所は，岩宇地域（岩内町，共和町，泊村，神恵内村）の自治体，地域金融機関，商工関係者等が一堂に会し情報・意見交換する場を設置した（平成 30 年 5 月）．フォーラムでは，地方版総合戦略の課題解決に向け自治体が出資する地域商社の支援，インバウンド需要に対応する電子的資金決済サービスの整備等に関する意見交換が行われている．

　⑤矢巾町住民への地域財政説明会の実施

　東北財務局盛岡財務事務所は，矢巾町と共同で財務状況診断を活用して住民参加型ワークショップを開催した．財務事務所より町の財政状況等について説明したほか，住民，町職員，財務事務所職員が参加して町の総合計画で示されている課題等を議論した（平成 30 年 5 月）．

　⑥宇土市民とのまちづくりワークショップ

　九州財務局は，宇土市と連携して，地域活性化に向けた意識改革と人材育成，地域をつなぐ場としてのワークショップを各地域で開催している（平成 30 年 9 月，平成 31 年 3 月）．ワークショップには市民，住民，学生，地域おこし協力隊員，自治体職員，財務局職員等が参加し，地域のセールスポイント，地域内外のニーズを見つけ，地域資源を活かしたまちづくり戦略を策定している．

　⑦シマノフォーラム～奄美，魅力，クリエイト～

　九州財務局鹿児島財務事務所・名瀬出張所は奄美市と共催でフォーラムを開催し，奄美群島が世界自然遺産登録を目指すなかで[20]，地域振興を図るために観光を軸にどのように取り組むべきかを自治体，専門家，地元関係者，金融機関等と協議した（平成 30 年 6 月）．

ロ）地域金融ネットワークの形成

　①金融・産業オープンイノベーションセミナー

　関東財務局は，企業への資金供給を担う地域金融機関を対象に，ファンドと金融機関との協働，スタートアップ・ベンチャー企業から見た資金調達上の課

20）平成 29 年 2 月，政府は「奄美大島，徳之島，沖縄本島北部および西表島」の世界自然遺産登録に向け，ユネスコに推薦書を提出した．平成 30 年 5 月，ユネスコ諮問機関 IUCN が「登録延期」を勧告したことを受け，政府は推薦書をいったん取り下げたが，平成 31 年 2 月，推薦書を再提出した．

題等をテーマとしたセミナーを開催している.

②沖縄金融仲介・地方創生高度化推進会議

沖縄総合事務局財務部は, 事業性融資を担う地域金融機関と関係行政機関等が一堂に会し, 金融仲介機能の発揮・高度化を通じた地域経済の発展・地方創生の実現に向けて対話する場を開設した（平成 30 年 11 月）. 沖縄の金融仲介機能にかかわる現状を分析し, 北部・離島地域の活性化, 中小企業の生産性向上, 多様な産業・企業の育成, 等々に関する議論を重ね, 沖縄の地域経済の発展, 地方創生に向けた金融仲介機能の高度化戦略を策定した（令和元年 6 月）.

③金融機関等と連携した長井市への伴奏支援〜子育て世代の定住に向けて〜

東北財務局山形財務事務所は, 長井市の地方創生に向けた連携協定を長井市, 地域金融機関, 商工会議所等の全 10 機関で締結した. 同市の地域活性化や子育て世代の定住促進に向けた協議を行っている. 協議を踏まえ, 金融機関は県外店舗で長井市の PR を行い, 移住相談窓口を設置した. また, 市民の教育費用軽減のための利子補給制度も検討されている.

④関東経済産業局との連携

関東財務局と関東経済産業局は, 地域金融機関における金融仲介機能の発揮や地域内外のステークホルダーとの多面的な連携・共創関係の構築を通じて, 地域中小企業等の創業・成長から事業承継・事業再生にわたるライフステージに応じた支援, 地域活性化を推進している.

⑤関西地区金融機関と NEXCO 西日本グループを繋ぐ商談会

近畿財務局は, NEXCO 西日本グループ, 大阪信用金庫, 日本政策金融公庫との共催で, 地域産品の販路拡大を目的とした商談会を実施した（平成 31 年 1 月）.

ハ) 若手職員の交流・ネットワーク拡大

多くの財務局・財務事務所では, 若手職員によるチームが編成され, 地域連携・地方創生支援に関する企画立案から実行まで自主的・主体的に取り組んでいる.

①自治体及び地元大学との関係強化

東海財務局静岡財務事務所・沼津出張所の若手職員は, 西伊豆町の若手職員, 静岡県立大学学生と連携し地域活性化のためのフィールドワークを実施した

（平成 30 年 9 月）.

　②四国の若手をツナグ　ワールド・カフェ[21]

　四国財務局の若手職員は，同世代のネットワークの構築や地方創生に向けた
アイデアを生み出すための「ワールド・カフェ」を開催した（平成 31 年 2 月）.
公務員，会社員，NPO 法人，大学生等の若手が参加し，「鉄道を利用した婚活
事業」，「四国で e スポーツ大会」，「若手グループでお遍路を行い SNS 等に投
稿」などのアイデアが多数出された.

　③北海道 150 年事業[22]への参画

　北海道財務局の若手職員は，北海道 150 年事業として，「国有財産パネル展」
および国有地である函館山の名所（旧日本軍の砲台跡，戦闘司令所跡，観測所
跡，等）を巡る見学ツアーを実施した（平成 30 年）.

　④秩父地域 4 町・県・国の若手職員の交流

　秩父郡町村会及び秩父地域振興センターからの要望を受けて，関東財務局の
若手職員と秩父地域 4 町（横瀬町，皆野町，長瀞町，小鹿野町）の若手職員が
協力し，各町が抱える課題を洗い出し課題に対するソリューションを各町長に
提案した（平成 31 年 3 月）.

ニ）テーマ別・課題別協議会の開催

　①事業承継セミナー

　多くの中小企業が集積する近畿地区において事業承継が喫緊の課題となって
いる．近畿財務局は，管内の金融機関，取引先の中小企業，支援機関等を対象
としたセミナーを近畿経済産業局，大阪府，大阪商工会議所，大阪産業振興機
構，中小企業基盤整備機構近畿本部，近畿税理士会と共催した（平成 30 年 12
月）.

　②起業支援

　近畿財務局神戸財務事務所は，「谷上プロジェクト」[23]と共催で，学生向け

21）「ワールド・カフェ」とは，カフェのようにリラックスした雰囲気の中で少人数のテーブルでテー
　　マに沿って自由な対話を行い，メンバーを入れ替えながら全員の意見や知識を共有するもの.
22）明治 2 年に「北海道」と命名されて 150 年目の平成 30 年を節目と捉え，歴史と先人の偉業を振
　　り返り，未来を展望し次の 50 年に向けた北海道を継承するとして，北海道が関係機関に呼びかけ
　　展開する事業.
23）神戸市が谷上地区をベースに実施しているスタートアップ育成支援事業.

に起業や資金調達のノウハウを伝授する「KOBE マネーの猫」を開催し，先輩起業家の体験談，金融機関と起業家とのパネルディスカッション，学生による事業プレゼン等を実施し関係者間のネットワークを構築した（平成 31 年 2 月，4 月）．

　近畿財務局和歌山財務事務所は，田辺市が実施している「たなべ未来創造塾」を支援するため県内金融機関とのつなぎ役を担っている．

ホ) 解決手法共有の場の設定

　①クラウドファンディングによる地域振興フォーラム

　NPO 法人や自治体がクラウドファンディングへの関心が高いことを受けて，中国財務局は，クラウドファンディング事業者，プロジェクト実行者・自治体が，仕組み，成功のポイント，課題等の説明を行うとともにクラウドファンディングの活用を検討している団体が個別に相談できるフォーラムを開催した（平成 31 年 3 月）．

　②SIB（ソーシャル・インパクト・ボンド）[24]勉強会

　がん検診にかかわる SIB の導入を検討している伊奈町をサポートするため，関東財務局は経済産業省，SIB 有識者，先進的取り組みを行っている自治体，埼玉県，地域金融機関と連携して勉強会を開催し，事業化に向けての課題等について意見交換を行う場を設定した（平成 30 年度）．

　③沖縄県成果連動型事業推進プラットフォーム

　沖縄総合事務局財務部は，自治体の財務ヒヤリングを通じて，国民健康保険の赤字や扶助費の増加等の県内自治体の共通の課題を把握したことから，同事務局総務部，経済産業部と連携して自治体，金融機関を対象としたセミナーを開催するとともに SIB 組成支援の枠組みとして沖縄県成果連動型事業推進プラットフォームを設置した（平成 31 年 2 月）．

　④金融機関向け地域活性化セミナー（事業承継・事業再生）

　経営者の高齢化と後継者不足に起因する中小企業等の休廃業が社会問題とな

---

24) SIB（Social Impact Bond）とは，行政の成果連動型支払契約と民間資金の活用を組み合わせた官民連携手法の 1 つ．民間事業者が，資金提供者から調達した資金を基に，行政機関から委託された行政サービスを実施．成果目標を定め，目標を達成した場合に資金を拠出した投資家に報酬が支払われる仕組み．

り，今後，地域経済を支える中小企業の知的財産の喪失が懸念されていること
を受けて，福岡財務支局は，九州北部税理士会や日本政策金融公庫と連携して，
金融機関向けに知財活用型事業性評価と事業承継をテーマにセミナーを各地で
開催した（平成 31 年 2 月）．セミナーでは，知的財産に着目した企業価値向上，
税理士の観点からの事業承継の問題点，事業承継・事業再生に対する融資事例
等についての説明・意見交換が行われた．

⑤山形 Ybiz との共催シンポジウム

東北財務局山形財務事務所は，山形市売上増進支援センター（Y-biz）[25]と連
携して，地域金融機関職員を対象とし，Y-biz の利用の増加，相談を通じた企
業の成長，地域の活性化を目的としたシンポジウムを開催した（令和元年 5 月）．

⑥官民連携（PFI/PPI）地域プラットフォーム

北陸財務局・富山・福井財務事務所では，自治体，金融機関，民間事業者等
の参画を得て，PFI/PPI 事業の実現を目指すべくプラットフォームを開設した．
プラットフォームでは，実践的なノウハウ，事業者間連携の手法，直面する課
題等についての認識を共有するとともに具体的な施設に関して要件整理や事業
アイデアについて対話するサウンディング調査を実施している．

ヘ）自治体等の地方創生支援

①吉野川エディブルフラワー・エコシステム・チャレンジ[26]

吉野川市では，若年女性人口の転出超，出生率の低下が著しく進んでいるな
か，四国財務局徳島財務事務所と吉野川市役所の若手職員は，地域活性化のた
め合同で若年女性に魅力的な雇用の創出について検討した．産業別に特化係数，
給与水準，従業員数，影響力・感応度等を分析し，食料品製造業を六次産業化
することの重要性を確認した．吉野川市が歴史的に花とゆかりがふかく花とと
もに人々が生活を営んできたことを踏まえ[27]，花に関連した新たな産業創出

---

25) 山形市は，公的機関によるビジネスコンサルティングを行う山形市売上増進支援センターを開設
した．センターの運営は，市と関係機関で構成する山形市ビジネスサポート協議会に委託している．
あらゆる業種の中小事業者等の売上高アップという経営上最も困難な課題に向き合い，具体的な解
決案を提案し，その実行支援により企業の成長，ひいては地域の活性化・地方創生を目指している．
26) 本政策アイデアは，内閣府主催「地方創生☆政策アイデアコンテスト 2018」において最高賞で
ある地方創生担当大臣賞に選ばれた．
27) 吉野川市は，鴨島は菊，川島は桜，山川はツツジ，美郷は梅と地区ごとにゆかりの花がある．菊

を模索し，若い女性の視点から「インスタ映え」するエディブルフラワー（食用花）[28] 産業化に着目した．

　財務局は，政策アイデアの実現に向け，地域の関係者を繋ぎ地域の共通価値の創造に貢献している．金融機関，自治体，国の出先機関等が参加するワークショップが開催され，具体的なビジネスプランが協議された（平成 30 年 12 月）．さらに徳島大学と連携し同大学生がエディブルフラワーを利用した商品開発の調査研究を実施する等，連携の輪が広がっている．令和 2 年内には生産拠点が立ち上がる見込みであり事業化が進んでいる．

　②きのかわ子育てサポート・定住促進支援

　紀の川市の母親向けワークショップで「子育て支援センターの近くで弁当を食べられる公園マップが欲しい」等の声が出されたことを受けて，近畿財務局和歌山財務事務所の若手職員は，紀の川市とともに子供とのおでかけマップを作製し市長に提出した（平成 31 年 3 月）．市内の公園 11 か所を紹介し，遊具，乳幼児を世話するための水道，トイレ，自動販売機，駐車場等の情報をまとめ，裏面には医療機関，歯科一覧を掲載している．マップのレイアウト，デザイン等について母親のアドバイスを受けながら策定した．また，ドローンを駆使し紀の川市の美しい景観や地域の魅力を伝える定住プロモーション映像を作成し，財務局のネットワークを活用し都心部のイベント等で配布・上映している．

　③四国地域観光チャレンジ

　四国 4 国立大学と JR 四国との連携事業「地域観光チャレンジ」[29] に四国財務局・徳島・松山・高知財務事務所が参加し，旅行企画の策定を支援している．同企画は商品化され販売されている．

　品評会・大菊人形展は大正時代から開催されている．他にも 30 年以上かけて地元住民が植えた桜が美しいチェリーロードライン，国天然記念物に指定されているオオツツジの大群生，全国初の梅酒特区に選ばれている美郷の梅等がある．さらに令和元年 11 月の大嘗祭での麻の織物「麁服（あらたえ）」は吉野川市より調進された．

28)　エディブルフラワー（食用花）とは，食べられる花．パンジー，マリーゴールド等．料理やスイーツの彩りに利用される．

29)　四国 4 国立大学生が，地域の特徴を学び，観光資源を発掘しながら旅行を企画提案し，JR 四国が商品化するプロジェクト．

ト）国有財産を活用した街づくり支援

①大手町プレイス

日本郵政関連ビルの敷地となっていた国有財産について，関係地権者（日本郵政，NTT，NHK）と（独）都市再生機構が協力し，再開発事業を進め，再開発ビル（大手町プレイス）が竣工した（平成30年8月）．再開発ビル（大手町プレイス）は，都市再生への貢献を目的とし，国際的な中枢業務・交流拠点を形成するとともに，商業・文化・交流などの多様な機能が導入されている．関東財務局は，再開発ビルのウエストタワーの約3フロアとイーストタワーの27フロア（権利床）を再開発事業による権利交換により取得した．前者については現日本郵政グループの本社ビルと交換，後者については信託制度を活用し，リーシングしたのちに分割売却を予定している．

②奄美エリアマネジメント[30]

奄美大島は人口減少，主要産業である大島紬等の縮小の一方，近年は入込客数が急増している[31]．世界自然遺産の登録を目指しており，地元関係者は観光振興を期しているものの受け入れキャパシティーが小さいことが課題となっている．奄美市では，地域活性化のため名瀬港本港埋め立てを柱とするマリンタウン事業[32]による観光関連施設の整備，名瀬港の防災拠点機能の強化及び中心市街地整備を計画し広域的なまちづくりを進めている．奄美市のニーズを踏まえ，財務局，自治体，地元住民等の関係者間で協議してきた．マリンタウ

---

30)「経済財政運営と改革の基本方針2014～デフレから好循環拡大へ～」（平成26年6月24日閣議決定）において「地域における公的施設について，国と地方公共団体が連携し国公有財産の最適利用を図る．」と掲げられて以来，国有財産行政で取り組む重要課題となっている．地域のさまざまな課題の解決に向けて，地域における国有財産の総括機関である財務局が，国有財産を管理する各省各庁をとりまとめ，①国，地方公共団体，その他の機関と相互に連携し，②一定の地域（エリア）に所在する国公有財産等の情報を面的に共有し，③中長期的な観点から，地方公共団体の意向を尊重しつつ，庁舎をはじめとする公用財産等の最適利用について調整すること．出典：財務省「国公有財産の最適利用（エリアマネジメント）とは」．

31)　奄美群島の人口は，110,147人（平成27年10月1日国勢調査）．昭和30年国勢調査では，205,363人．入込客数は，825,791人（平成29年），外国人宿泊者数は，5,357人（平成28年）．大島紬の売上は最盛期の1割未満．

32)　名瀬港内約6.1haの埋め立て地を含む，総面積約8.7haに公共公益施設用地，娯楽サービス施設用地，観光関連施設用地，流通関連施設用地などを配し，中心市街地の整備と連携した都市機能用地を確保して，中心市街地を補完した広域的なまちづくりを行い，奄美市の振興を図る事業．

図表3　奄美エリアマネジメント（マリンタウン事業・中心市街地活性化事業）

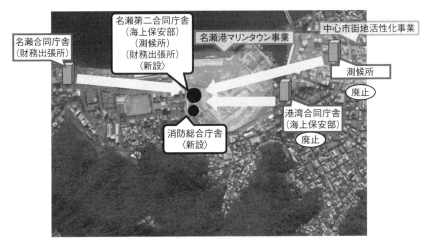

　ン事業エリア内に大島地区消防総合庁舎が整備されることから，隣接して新た
に第二合同庁舎を整備し，そこに老朽化した名瀬港湾合同庁舎に入居する海上
保安部，市街地に位置する名瀬測候所，地方合同庁舎に入居している名瀬出張
所の防災官署を集約することとされた（平成30年9月）．測候所敷地にはバス
ターミナルや子育て・保健・福祉複合施設といった拠点施設が整備される予定
である．第二合同庁舎の整備，測候所の移転により地域防災強化，中心市街地
の活性化に貢献している．
　なお，新設される第二合同庁舎は，名瀬港ターミナルから降りた観光客の目
に最初に入ることから，奄美市の海の玄関口のシンボルタワーとして位置付け
られている（図表3）．
　③沖縄～瀬長島観光拠点整備支援～
　沖縄県豊見城市に所在する「瀬長島」は，那覇空港の南側に位置し，米軍に
より建設された海中道路で陸続きになっている．昭和52年に米軍より返還さ
れ，米軍が埋め立てた地域が国有地として管理されてきた．豊見城市が市有地
を民間企業に貸し，温泉施設，ホテル，地中海の集落をイメージした屋台村
（瀬長島ウミカジ（海風）テラス）を相次いで開業した．
　豊見城市は瀬長島の自然環境や歴史文化を活かした観光拠点の整備を実現す

図表 4　瀬長島観光拠点整備〜隣の楽園 Paradise next door 〜

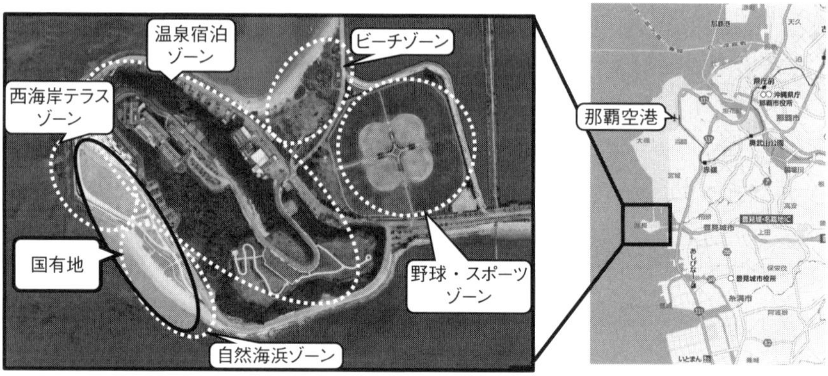

るため「瀬長島観光拠点整備計画」を策定した．同計画に基づき，豊見城市より国有地の取得要望が出され平成 25 年に売却した．豊見城市は国有地を活用して西海岸テラスゾーン，自然海浜ゾーンとして，広場，遊歩道，駐車場，公園等の整備をすすめている．温泉，ホテル，屋台村等と相まって国有地が観光拠点の整備に役立っている（図表 4）．

　④宮古島まちづくり支援

　宮古空港及び周辺地域は，旧海軍財産を財務省が引き継ぎ管理している（宮古空港敷地や農地等として貸付）．宮古島市では，市町村合併後も既存庁舎を継続使用していることから，庁舎が分散し，利用者の負担や行政運営の非効率，老朽化，耐震性等が問題となっていた．宮古島市は，こうした問題を解消するため総合庁舎及び保健センターの建設を計画し，空港周辺の国有地を建設候補地として要望してきた．自治体，耕作者等の関係者で協議を重ね沖縄総合事務局と宮古島市間で国有地の売買契約が締結され，国有地が街づくりに活用されることとなった（平成 30 年 12 月）．

　⑤社会福祉分野における国有財産の有効活用

　財務局では，社会福祉分野における国有財産の有効活用に積極的に取り組んでおり，保育所や介護施設等の整備用地として，自治体や社会福祉法人への定期借地による貸付や売却を進めている．仙台市では，大型マンションの分譲が予定されるなど，保育需要急増が見込まれている地区での保育所整備が課題と

なっていた．東北財務局は，同市からの要望を受け，市内南東部に位置する国
有財産について，同市が選定した社会福祉法人に対して，定期借地による貸付
を実施した．また，社会福祉法人からの要望を受け，仙台市内中心部に所在す
る国有財産について特別養護老人ホームへの活用を決定した．このように，特
別養護老人ホームの空白地の解消に貢献するとともに，地域交流スペースの設
置等，福祉施設を求める地域のニーズに応えている（平成 30 年度）．

　⑥地域の中核病院整備（沖縄県立八重山病院）

　沖縄県石垣市に所在する沖縄県立八重山病院は，八重山諸島における地域の
中核的な医療機関として重要な機能を担い，住民の健康と生命を守ってきた．
一方で施設の老朽化がすすみ，また，繰り返された増改築による非効率な導線
等の問題もあり，安定的な医療提供に影響を及ぼすことが懸念されていた．こ
のため沖縄県病院事業局は，整備コストや医療リスクの検討等を踏まえ八重山
病院の新築移転方針を決定した．

　こうしたなか石垣空港が市内の別地へ移転し，新石垣空港が開港し，旧石垣
空港の跡地の活用が課題となっていた．跡地は国有地，県有地，市有地，民有
地等で構成されているが，大半が国有地である．国，沖縄県，石垣市の関係者
で協議を重ねてきたが，石垣市等の要望を受けて，跡地内の国有地と県有地を
合わせて新八重山病院の予定地とすることとされた．

　国より沖縄県病院事業局に国有地を売却し，新八重山病院の工事が着工し，
平成 30 年 10 月に移転前に比べ大幅に機能を拡充した形で開院した．国有地を
活用し地域の中核病院の整備に貢献したところであるが，旧石垣空港跡地の国
有地は，今後，石垣市の新庁舎用地として活用されるほか，土地区画整理事業
による新しいまちづくりも予定されており，賑わいの場として地域活性化の核
となることが期待されている．

　⑦市街地活性化と防災体制強化のための国有財産の最適利用

　高山市，中部地方整備局，東海財務局は，国公有財産の最適利用プランを策
定し，国と同市の間で土地交換契約を締結した（平成 30 年 10 月）．交換取得し
た土地に，国は合同庁舎を，同市は防災空地を整備する予定となっている．防
災空地は，災害時には災害対策支援者の参集基地や緊急車両用のスペースとし
て活用し迅速な救急・救援活動をサポートする．一方，平時には地域コミュニ

ティ活動広場等として活用される見込みである．行政のワンストップ化と市街地活性化に加え，防災体制の強化にも貢献している．

チ）東京 2020 オリンピック・パラリンピック競技大会での国有財産の活用

東京 2020 オリンピック・パラリンピック競技大会の競技会場等にも国有地を活用している．新国立競技場の歩行者デッキ，皇居外苑，日本武道館（千代田区北の丸公園），横浜スタジアム，陸上自衛隊朝霞訓練場の敷地は国有地である．

大会期間中，世界各国から要人，選手，大会関係者の訪日，大勢の観客が想定されるなか，宿泊施設の確保，効率的な大量輸送，セキュリティーの確保が課題となっている[33]．市民の生活や一般交通への影響を最小化しつつ，円滑な大会運営ひいては大会の成功に貢献するため，ホテル等の各種施設，大会関係者用駐車場，輸送バス用駐車場，警備車両用駐車場，競技会場へのアクセスロード等の整備にも国有地を活用している．

イ）～ホ）は財務局が結節点となり，地域の主体間の連携を強化し，お互いが補い合うことでオープンイノベーションを促す取り組みである．ヘ）～チ）はプラットフォーム等での議論をもとに財務局自らが具体的に課題解決に貢献している事例である．

5.2　課題～地域経済エコシステム形成へ～

各財務局は従来からのネットワークを活かしつつ各々趣向を凝らし，地域の実情を踏まえたプラットフォームを形成している．プラットフォームは全国的に設けられ各地域で独自に展開されているが，継続実施や他地域からの開催要望が多く寄せられていること，さらにはこれまで参画のなかった自治体や経済団体からの参加要望や相談がくる等，期待が示されている．

また，プラットフォームでの意見交換や議論をきっかけとして自治体や経済団体が地域活性化に向けた具体的な取り組みを開始したり，参加者が独自にSNS 等で発信したり，参加者同士で新たなコミュニティが構築されるなど，財務局が関係者を繋ぐ役割を果たしたことで，地域の自立的な取り組みが新た

33）「2020 年東京オリンピック競技大会・東京パラリンピック競技大会の準備及び運営に関する施策の推進を図るための基本方針」（平成 27 年 11 月 27 日閣議決定）参照．

に生まれることがある.

　さらに実際の融資や商談に繋がったとの声が寄せられることもある. 今後とも各財務局は地域の実情やニーズを踏まえながら自立的な取り組みをサポートできるようにプラットフォームを発展させていく必要があるが, その際の方向性として主に以下の3点が考えられる.

イ）地域経済エコシステム形成へ

　地域経済エコシステムとは, 「ある地域において, 企業, 金融機関, 自治体, 政府機関などの各主体が, それぞれの役割を果たしつつ, 相互補完関係を構築するとともに, 地域外の経済主体等とも密接な関係を保ちながら, 多面的に連携・共創してゆく関係」のことである[34].

　地域には, スマートニッチともいうべき規模は小さいものの高い技術力やノウハウ, ビジネスモデル, 経営理念を持つ優れた企業が多数存在する. また, 自らの持つ魅力や価値, 優位性に気がついていない企業, さらには潜在的な強みを発揮しきれていない企業等もある. 地域経済は, 自治体, 事業者, 金融機関等がさまざまな形で関与し合い, 各々が役割を果たし, 相互補完しながら成り立っている. 経営状況如何にかかわらず, 規模の大小にかかわらず, また, 意識しているかどうかにかかわらず地域経済で重要な役割を果たしている企業は多い. 地域経済はいわば生態系のように各プレーヤーが繋がり相互に影響しあい秩序を形成している. いずれのプレーヤーが欠けても地域経済に大きな影響を及ぼすことがありうる. プラットフォームを発展させる際には, こうした地域経済内におけるプレーヤー間の関係や各々の強みを把握したうえで, 地域経済に一層の厚みを持たせるべく繋ぐ役割を適切に果たしていく必要がある. 部分最適ではなく全体最適を目指し, 長期的・持続的な発展を実現するためには, 地域経済内の産業連関, 情報ネットワーク, 人的交流, 資金循環, 取引関係等の相互依存関係を考慮しておく必要がある.

　事業承継, 創業, 観光, 交通, 市街地活性化等の地域の課題の解決に向けて, 関係者が多面的・重層的に協力し, お互い相互補完することでオープンイノベーションを創出することが重要である. 財務省・財務局は, 各地で取り組んで

---

34) 金融庁（2018）「変革期における金融サービスの向上にむけて～金融行政のこれまでの実績と今後の方針（平成30事務年度）～」82頁参照.

図表5　地域経済エコシステム

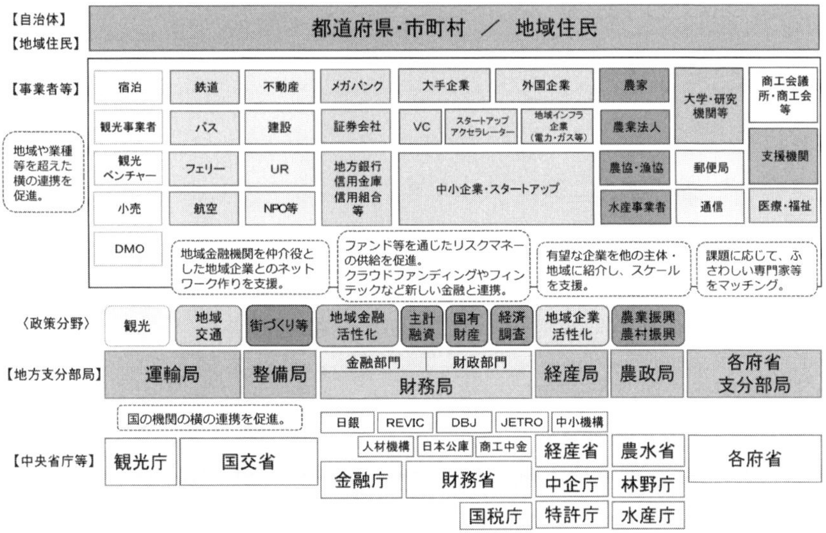

※地域経済エコシステム・・・ある地域において，企業，金融機関，地方自治体等の各主体が，それぞれの役割を果たしつつ，相互補完関係を構築するとともに，地域外の経済主体等とも密接な関係を持ちながら，多面的に連携・共創してゆく関係。
※地域経済エコシステムは，時代とともに常に変化するものであり，上記に例示した関係者も変化し得る。

出典：財務省（2019）「地域の課題と財務局の役割〜地域経済エコシステムと財務局〜」．

きたネットワーク，プラットフォームの経験を集積し，地域の関係者を整理して，地域経済エコシステム（図表5）として公表した（平成30年11月）．

　地域経済の動脈のみならず静脈，さらには毛細血管まで適切に把握し，どことどこの繋がりを強化したらいいのか，さらには何処と何処を新たに繋げれば新たな価値が生み出せるのか検討する際の見取り図と位置付けられる．

ロ）東京圏と地域・地域間を繋ぐ（広域連携支援）

　地域の企業や住民が，地域外の人々との交流を通じて，触発され，新たなアイデアや気づきを得ることがある．地域の魅力や強みを地域外の人が発見したり，他地域での経験が大いに参考になることがある．首都圏においても，地域における社会課題解決を図るためのビジネスに関心を有している者は多くいる．首都圏に集中している人，資金，情報等の地域への還流，また，地域間での交流を通じた知見，経験の共有は非常に有意義である．

　地域横断的な交流を円滑化することを目的として，平成 31 年 1 月 24 日に，経団連，財務省・財務局，金融庁，経済産業省の共催シンポジウム＆ミートアップイベント「ENGINE! 日本のミライと出会う場所」が開催された．この場では，オープンイノベーションのさらなる深化をテーマとした基調講演及びパネルディスカッションに加えて，経団連の会員企業と全国から集まった地域の企業，金融機関，自治体，研究機関，投資家等の約 400 名が参加したミートアップイベントが行われた．このように本省庁サイドからも地域の壁，行政縦割りの壁を乗り越え，東京圏と地域を繋ぎ，地域を越えた連携を促進する取り組みが行われている．これらを契機として各財務局の地域連携の取り組みが一層広域化し深化していくことが期待される．

ハ）プラットフォームの一層の深化〜課題の精緻化〜

　プラットフォームが各地で構築され，内容も機運醸成，課題の発見・共有から，各地域の具体的課題に即した検討へ移行してきている．さらに参加者の要望を踏まえて特定のテーマを掘り下げて議論する場を開催する等の深化・発展が見られる．財務局としては，議論の充実，深化を支援する取り組みを続けていかなければならない．そのためには，これまでの議論を踏まえた形で参加者のニーズによりきめ細かく応えられるようテーマをさらに精緻化していくことが求められる．

　例えば，創業支援・ベンチャー支援といっても，起業準備段階，研究開発段階，アイデアの事業化段階，量産化段階，黒字化・出口戦略（IPO 等）準備段階，等とさまざまなステージがあり，成長段階に応じて事業の特徴，支援者，資金調達，課題等が異なる．起業準備段階であれば，ビジネスのコンセプトづくり，情報収集，が主な課題であり，先輩ベンチャー，自治体，エンジェル投資家，公的金融機関等が主な支援者となる．アイデアを事業化する段階であれば，資金調達や内部統制，初期マーケティングが課題となり，経理・法務等の内部管理の専門家，アクセラレーターの支援も必要となる．また，ベンチャーキャピタル，公的金融機関，クラウドファンディング等からの資金調達が検討されるようになる．量産化段階に入れば，設備投資や資金調達の多様化が課題として加わり，資金の出し手として地方創生ファンドや地域金融機関からの支援も想定される．さらに，恒常的な黒字となり出口戦略を検討する段階に入れ

ば，資金の市場調達やメガバンクからの支援も考えられるようになる．このようにステージに応じて関係者，必要な支援等が異なることから，ニーズを的確に把握しきめ細かく対応することが必要である．

6. おわりに

6.1 行政の深化〜点から面・立体へ〜

財務省・財務局では，平成 22 年度に地域貢献を使命として明確化し，平成 24 年度より地域連携を本格化して以降，さまざまな取り組みを試行錯誤で実施してきている．

これまで取り組みを一歩も二歩も進めて地域貢献，地方創生支援に励んできたところであるが，最近では各行政の視点そのものにも大きな変化が見られることにも留意が必要である．例えば，管財業務に関して，従来は，財政収入の確保のために国有財産の売却を積極的に進めてきていたが，現在では，多様な管理処分を通じて地域に貢献することが求められている．介護や保育施設への定期借地による国有地の貸付やエリアマネジメント（国公有財産の最適利用）は代表的な取り組みである．

財政融資についても，地方債の許可制から協議制への移行等の環境変化を踏まえて，自治体の財務状況をトータルで把握し自治体と財政健全化に関する協議を行っている．

金融分野においても，従来は地域金融機関の財務の健全性や融資債権の回収可能性等を個別に見ていくことに重きが置かれていた．最近では，地域金融機関が地域経済の発展に貢献するため，安定した収益と将来にわたる健全性を確保し，顧客企業の課題解決を含む金融仲介機能を十分に発揮するよう促すことが金融行政に求められている[35]．つまり地域への貢献が行政目的に明確に示されている．

---

35) 金融庁（2018）「変革期における金融サービスの向上に向けて〜金融行政のこれまでの実践と今後の方針（平成 30 事務年度）〜」．

6.2　一層の進化に向けて

　このように行政の視点も点から面，さらには立体へと拡大しているが，財務局の地域貢献の取り組みは行政の変化を先取りする取り組みとも捉えることができるし，また，同時に進めている対応ともいうことができる．

　財務局の部局横断的な地域貢献の取り組みを通じて，各部署における行政の視点が拡大・発展すると同時に，時代に応じて刻々変化する行政ニーズへの財務局の対応力も向上すると期待される．

　地域連携・地方創生支援には明確な解があるわけではなく，試行錯誤の連続ではあるが，一方で自由度が高く独自の創意工夫を活かしやすいものでもある．また，地域の人と直接接触することを通じた学びの機会になっている．今後ともさまざまな取り組みを通じて，経験を積み重ね地域の課題に関する感度を磨きニーズへの対応力を一層高めていく必要がある．

　財務局は令和元年 6 月 1 日をもって発足 70 周年を迎えた．戦後の混乱期，戦後復興，高度経済成長期，バブル経済の崩壊，デフレ経済，等々と環境が目まぐるしく変化するなかで，財務局は地域に存在する行政機関として，多くの困難に直面しながらも常に地域に寄り添い地域とともに歩み，時代の要請に応じて自己変革を繰り返しながら地域貢献に努めてきた．今後ともこの姿勢に変わりはない．財務省・金融庁としても，予算，機構面での財務局の体制の整備や情報共有，業務効率化とともに，本省庁サイドでの連携等を強化し，各財務局の地域連携，地方創生支援活動の深化をさまざまな形でサポートすることが求められている．

参考文献

閣議決定（2015）「2020 年東京オリンピック競技大会・東京パラリンピック競技大会の準備及び運営に関する施策の推進を図るための基本方針」.

閣議決定「まち・ひと・しごと創生基本方針」（各年度版）.

閣議決定「まち・ひと・しごと創生総合戦略」（各年度版）.

閣議決定（2014）「まち・ひと・しごと創生長期ビジョン―国民の『認識の共有』と『未来への選択』を目指して―」.

金融庁（2018）「変革期における金融サービスの向上に向けて～金融行政のこれまで

の実践と今後の方針（平成 30 事務年度）～」.

国立教員養成大学・学部，大学院，附属学校の改革に関する有識者会議報告書（2017）
「教員需要の減少期における教員養成・研修機能の強化に向けて」.

財務省「国公有財産の最適利用（エリアマネジメント）とは」http://kantou.mof.
go.jp/content/00179672.pdf（2019 年 10 月 7 日最終アクセス）.

財務省（2019）「地域金融機関と日本政策金融公庫等との連携状況」https://www.
mof.go.jp/financial_system/fiscal_finance/renkei/renkei_jirei.html（2019 年 10 月
7 日最終アクセス）.

財務省（2018）「地域の課題と財務局の役割～地域経済エコシステムと財務局～」
https://www.mof.go.jp/about_mof/zaimu/ecosystem.pdf（2019 年 10 月 7 日最終
アクセス）.

財務省財務局「地域連携事例集」（各年度版）https://www.mof.go.jp/about_mof/
zaimu/renkei/index.htm（2019 年 10 月 7 日最終アクセス）.

文部科学省「学習指導要領の詳しい内容」https://www.mext.go.jp/a_menu/shotou/
new-cs/1383986.htm（2019 年 10 月 7 日最終アクセス）.

第3章
近江商人の陰徳善事という地域貢献

末永 國紀

1. 近江商人とは――時空を超えた他国商い

1.1 近江商人の定義

　近江商人を定義すれば，近江（現・滋賀県域）に本宅を構え，近江国外で行商や店舗経営に従事した広域志向の他国稼ぎ商人ということになる．

　近江商人の前史は古い．平安末期から鎌倉時代に始まる中世の多人数で隊商を組んでの隣国商業まで遡及するといえる．平安末から鎌倉初期にかけては，座商人や市座の出現に見られるように，商工業によって生計を立てたり，生計の補助としたりする人々が発祥した時代である．当時の商いは，農閑期に警護の者や炊事担当者を含む100人を超えるようなキャラバンを組んでの隣国行商であった．

　動乱の絶え間なかった室町時代や戦国時代を経て，徳川氏の覇権が確立した江戸時代になると，天秤棒を担ぎ，2〜3人で全国へ行商に出かける本格的な近江商人が現れた．その姿は，北海道から九州まで全国に見られるようになった（図表1）．東日本と西日本で出店分布を比べると，東日本への進出が多く，特に関東の出店では呉服太物から小間物，荒物など日用品を扱い，同時に酒造や醤油などの醸造業にも従事した．

　全国への出店開設は明治・大正期になってもなお盛んであり，この期間の開設数は953店に上る[1]．地域は朝鮮半島を含む中国大陸や南北アメリカ大陸に

図表１　江戸時代における近江商人の出店の分布

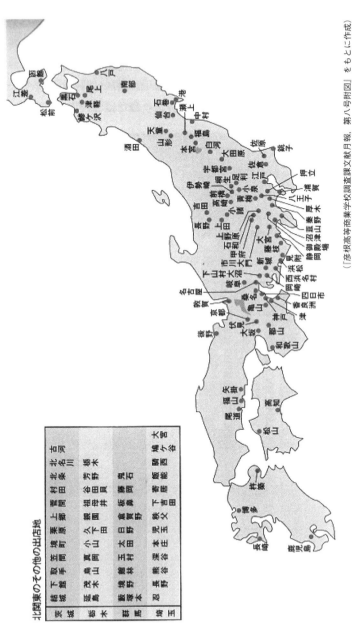

北関東のその他の出店地

茨城	吉河 北条 村田 上峰 境町 栗原 取手 下館 桔梗
栃木	栃木 芳野 谷田井 小久田 真山 鳥山 茂木 延島
群馬	児石 藤岡 日野 太田 玉村 境野 藪塚 館林
埼玉	鳩ヶ谷 大宮 能西 能能 施居 下吉田 秩父 本庄 熊谷 深谷 長野 忍

（『彦根高等商業学校調査課文献月報，第八号附図』をもとに作成）

まで広がっている．これらの出店の後裔が，現在の近江商人系企業である．

　現代の日本は，創業100年を超える企業は5万社を数え，200年を超える社歴のあるものは世界の45%を占めていて，まさに老舗企業大国である．これらの老舗企業の一角を占めているのが近江商人系企業であり，前史を含めて800年以上の歴史を有する近江商人は，日本型経営の源流に位置するといってもよいであろう．

　現代から振り返って，交通不便で文物制度が整っていない近代以前の時代からなぜ近江国という一地方に本拠地をおいたままで全国に飛躍できたのか，という問いが当然生じるであろう．その問いへの応答をひと言でまとめると，彼らは広域志向経営システムと呼ばれる特有の経営スタイルと経営理念を持った現代にも通じるような要素を内蔵した先進性を有した商人であったから，ということになる．

1.2　商いの手法と三方よし

　近江商人の商いは，天秤棒を担いで他国行商をするような創業期の行商は，江戸時代用語では天秤棒を担いだ「持下り商い」と呼ばれる．この天秤棒商いでは，商品を船や馬背，飛脚などを使って別送した．送り先は，地方の庄屋・旅籠・寺社などであり，自分は身の回り品を入れた小さな行李を天秤棒に担いで身軽に移動した．目的地に着くと地元の商人を集めて商談に入るのである．すなわち，近江商人の行商は豆腐屋・魚屋・八百屋のような小売り行商ではなく，卸し行商であったことに大きな特徴がある（写真1）．

　取扱品は，地方へ出かけるときは上方（かみがた）の古着・小間物・売薬・麻布などの完成品を持ち下り，地方からは，それが東北地方であれば生糸・紅花・紫根・苧麻（ちょま）などを上方へ持ち登った．持下り品と持登り品の間には，完成品とその原材料という関係がある．往きも帰りも商売するという意味で，ノコギリ商いと呼ばれるこの効率の高い卸し行商は，現代商社の先駆的な手法であり，近江商人の豊かな富の源泉となった．

　店舗を開くようになると，持下り商いはより大規模化し，出店と出店の間で

1）末永國紀『近代近江商人経営史論』有斐閣，1997年，2頁．

写真 1　行商の旅姿（邨松雲外筆）

商品を回転させる諸国産物廻しと呼ばれるものに発展する．持下り商いや諸国産物廻しの商法は，完成品による文化の伝播や原材料の調達によって地方物産の開発に貢献した．

　近江商人の行商は，見込みを付けた他国の特定の場所を毎年訪れ，地縁も血縁もないところで顔馴染みを作り，やがて有望な土地を見定めて開店していくのである．立地の選び方については，ことわざが残っている．「三里四方，釜の飯を食うところを選べ」と，いうものである．江戸時代にあって釜の飯，つまり米飯を食するところは豊かな土地という判断があったからである．経済学でいえば，有効需要のあるところという意味になる．

　行商に始まり，出店開設へと進む近江商人の他国商いは，出先の人々に有用な存在として評価されなければ，他国商人としての立身も出店の定着もありえなかった．もうけたカネを洗いざらい生国近江へ持ち帰るだけの「近江泥坊」と，本当に思われては元も子もない．

　しかし，土地経済に立脚した農民の単純再生産による産米を年貢として取り立てることを治世の基本とした江戸時代においては，商人は必要悪の存在とみなされ，その地位は社会階層の最底辺に位置付けられていた．為政者から見れば，近江商人のような外来商人は本来的に迷惑な存在であった．

　例えば，仙台藩の儒者蘆東山（あしとうざん）は，藩主伊達宗村へ提出した宝暦 4 年（1754）の上書において，仙台藩領へやってくる他領商人のうち，「近年甚盛ンニ商売仕リ，頗ル民間ノ痛ミ候者ハ江州辺ヨリ罷越候商人ドモニ御座候」と指弾している[2]．領民は江州（近江）商人による掛売り販売法によって，本来不必要な奢侈品まで買い込み，借金苦におちいっているとの含意である．

　江戸時代の商人は，このような基本的に社会体制の逆風のなかで他国商いに
従事しなければならなかったのである．それだけに，他国商いを事とする近江
商人は，行商や出店の商圏確保のために，地域への配慮を欠くことはできなか
った．出向先の他国の人々から信頼を寄せられ，評価されるための心構えを集
約したものが，「売り手よし，買い手よし，世間よし」という，三方よし
（Three-Way Satisfaction）の考え方であった[3]．取引が三方よしであるためには，
単に売り手と買い手だけが好都合であればそれでよいというのではない．取引
自体が，世のため人のためになる取引でもなければならなかったのである．

1.3　三方よし精神の原典について

　三方よし精神の原典となったのは，宝暦 4 年に中村治兵衛宗岸（そうがん）
という神崎郡石馬寺村（現・滋賀県東近江市五個荘石馬寺町）の麻布商によって
著された書置きの一節である．宗岸の嫡子は 34 歳で娘を遺して没したので，
宗岸は孫娘に宗次郎（そうじろう）という養嗣子を迎え，70 歳となった宗岸が
15 歳の宗次郎宛に「宗次郎幼主書置」を認めたのである（写真 2）．

　　たとへ他国へ商いに参り候ても，この商い物，この国の人一切の人々皆々
　　心よく着申され候様にと，自分の事に思はず，皆人よきようにとおもひ，
　　高利望み申さず，とかく天道のめぐみ次第と，ただそのゆくさきの人を大
　　切におもうべく候，それにては心安堵にて，身も息災，仏神のこと，常々
　　信心に致され候て，その国々へ入る時に，右の心さし起こし申さるべく候
　　事，第一に候

　上掲の一節の内容は次のようにまとめられる．他国へ麻布などの商いに出か
ける時は，その国の人々に気持ち好く着用してもらうことを心がけ，ひたすら
行商先の人々を大切にしてその幸せを願うことである．自分のことばかり計算

　2）滝本誠一『日本経済大典』第十一巻，史誌出版社，1928 年，446 ～ 447 頁．
　3）三方よしや近江商人の英訳については，Kunitoshi Suensga, translated by Larry Greenberg,
　　THE STORY OF JAPAN'S OHMI MERCHANTS: The Precept of Sanpo-yoshi, Japan Publishing
　　Industry Foundation for Culture, 2019, p. 24.

写真2　「宗次郎幼主書置」の一節（個人蔵）

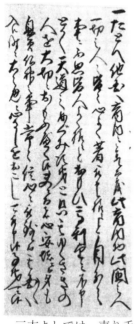

して，一挙に高利を求めてはならない．儲かるかどうかはお天道様のご機嫌次第というくらいの控えめにしておれば，心労することはなく，その薄欲を保つために，神仏への信仰を深めよ．

　幼い後継者に噛んで含めるように顧客満足を第一にせよと他国商いの要諦を説く，熱心な仏教徒であった宗岸の肉声が直に聞こえてくるようなひたむきな内容である．この家訓を基に「売り手よし，買い手よし，世間よし」からなる現在の三方よしというキャッチフレーズが生み出されたのである．したがって三方よしは，持下り商いに始まる近江商人の他国経営手法そのものに由来する理念である．ここにはすでに，利益重視の欧米型ビジネスとは異なる，利益よりも継続性を重視する日本企業の編成原理の萌芽が見られる．

1.4　三方よしの順番について

　三方よしでは，売り手よしが一番手に置かれている．そのことの意味を考えてみよう．売り手よしは，売り手の都合が一番ではなく，売り手の働く環境が好いという意味に解釈してこそ，現代的意義がある．三方よしの実現には，働きやすい職場環境の整えられていることが第一の条件であるということになる．誰しも，パンのみのために働いているのではなく，天職と思える仕事や働き甲斐のある職場を求めているからである．

　現場に立つ販売員や営業マンであれば，従業員満足というより好い職場環境のもとで，自発的に接客やサービスへの創意工夫を凝らすことによって，二番手の買い手よしという顧客満足をもたらし，その心地よい取引の記憶が一見の客をリピーターに転化させるようになる．売り手よし，買い手よしを実現できて仕事の喜びを実感できると，世間よしという仕事の社会的意義に目覚め，ますます情熱をもって仕事に取り組むようになり，結果として社会満足をもたらす．

　このように売り手よしは，従業員満足によって顧客満足を達成し，ひいては社会満足をもたらすというプラスの循環の最初に位置するからこそ，三方よしの一番手に置かれているのである．現に，一度傾いた経営が，考え方の基本に従業員満足を第一に据えることによって，劇的な業績回復を長期間にわたって実現した例は，数多くある．2つの例を挙げてみよう．

　長野県には，伊那食品工業という寒天生産を中心とした会社がある．元社長の塚越寛氏は，「会社は従業員をしあわせにするためにある」との信念を貫き，平成 20 年（2008）までの 48 年間，増収増益を達成したことで有名である．会社は急速に大きくなる必要はない，社員を大切にして地域に貢献しながら年輪のように確実に成長していけばよいという考え方が，奇跡のような成果をもたらしたのである．

　もう 1 つの例は，レーザー機器の輸入商社である日本レーザーの近藤宣之社長である．破綻寸前から再建して，平成 2 年（1990）以来 24 年間連続黒字経営を達成した．「会社の存在意義は雇用を守り，働くことで得られる喜びの場を提供することである」との信念をもって，新しい人事制度を開発して社員に積極性と働く喜びを与えることに成功した結果であった．

2.　近江商人のネットワーク構築

2.1　中井源左衛門家の乗合商い

　近江商人は，通常複数の出店を持ち，出店からさらにその枝店を広げる場合もあった．家によっては，10 を超える出店・枝店を設けることも少なくなかった．乗合商い，または組合商いと呼ばれた合資形態の多店舗展開の仕組みと機能を中井源左衛門家と矢尾喜兵衛家について取り上げてみる．

　近江国蒲生郡日野町大窪（現・滋賀県蒲生郡日野町大窪）の中井源左衛門家は，初代から 4 代目までに合計 21 の出店・枝店を開いた．そのうち乗合商いという共同企業の形態をとった出店は，東北から九州にわたる 12 の店舗である．

　これらの乗合店のうち，後に中井家の宝庫となった仙台店の事例を取り上げることにしよう[4]．初代中井源左衛門は，生糸・古手（古着）・繰綿の諸国産物廻しを構想して，明和 6 年（1769）に，仙台，伏見，後野（うしろの）の 3

店の同時開店方針を打ち出した．そのための資金調達方法として他人資本の導入を図る必要が生じた．仙台店の資本金は 5,000 両，出資者は 5 人，損益分配の持ち分比率を全体で 20 分とした．

　出資者の内訳は，初代源左衛門（3,375 両，13 分 5 厘持ち）・矢野新右衛門（500 両，2 分持ち）・井田助右衛門（500 両，2 分持ち）・杉井九右衛門（312 両 2 分，1 分 2 厘 5 毛持ち）・脇村宗兵衛（312 両 2 分，1 分 2 厘 5 毛持ち）である．共同出資者の矢野・井田・脇村・杉井は，中井家の縁者や取引先などであった．天明元年（1781）までの 10 年間の配当金総計は，6,757 両，年平均配当率は 8.77% であった．その後，天明の飢饉や仙台藩札の不通などの災厄が重なって源左衛門以外の者は出資金を引き揚げたので，仙台店は中井家の単独経営へ移行した．

2.2　矢尾家の乗合商いと帳合

　矢尾喜兵衛家は，寛延 2 年（1749）に武蔵国秩父（現・埼玉県秩父市）で，酒造業と日用品の万卸小売業・質屋業を始めた．16 の出店を関東地方に展開し，そのうち 9 店は酒造商，3 店は乗合店であった．矢尾家の酒造業を中心にした支店網は，酒株を持つ地元の有力者から酒株と一緒に酒蔵，酒道具，店舗を居抜きで借り受け，奉公人を支配人として送り込む方式で形成された．このやり方であれば，固定設備に費用のかかる酒造業でも，少額の資本で開業でき，乗合店ならもっと少なくて開店が可能となる．

　このような乗合店方式による多店舗展開は，適切な経営管理を必要とした．多店舗の経営管理のために開発採用されたのが，事実上の複式簿記である．商家で最も大事な帳簿は，仕入れと販売と一切の金銭出納を記した大福帳である．まず大福帳から店卸帳をつくり，さらに近江の本宅への決算報告のために店卸目録が作られた．中井家も矢尾家も，店卸帳や店卸目録の損益は，貸借対照表と損益計算書に相当する 2 通りの計算によって算出され，複式簿記の原理で計算されている[5]．

4）江頭恒治『近江商人中井家の研究』雄山閣，1965 年，179 〜 180 頁．

5）近江商人の複式簿記の原理による記帳に言及したものとしては，中井源左衛門家については，小倉榮一郎『江州中井家帖合いの法』ミネルヴァ書房，1962 年がある．また，外村与左衛門家につ

　近江八幡の西川甚五郎家，湖東の外村与左衛門家など他の近江商人の大店でも，同じ記帳方式である．当時は帳合（ちょうあい）と呼ばれた近江商人の簿記法は，鴻池や三井に優るとも劣らない最高水準に達していたから，当主は遠国の出店を支配人が持参する店卸目録を通して管理できる仕組みになっていたのである．このような簿記技術の伝習のプロセスが解明されれば，「近江帳合」と呼んでもよいような帳合技術の存在が確認されるであろう．

2.3　商人団体と定宿制

　行商を営業活動の原点とした近江商人は，安全な旅商のための方策を考え出して，旅の組織化を図った．その1つが行商先別あるいは出身地別に結成された商人団体である．両浜組は北海道へ進出した商人団体であり，えびす講は東北地方へ出向した商人によって結成され，住吉講は伊予松山への呉服の持下り商の仲間，栄九講は九州を商圏にした団体である．この種の商人団体の目的は，競争を避け，権益や商権の確保，相互扶助にあった．この商人団体は，カルテルのような市場支配力は持たなかったので，天保12年（1841）の株仲間解散令の対象にはならなかった．

　代表的な商人団体に，日野大当番仲間（ひのだいとうばんなかま）がある．構成員は明和7年（1770）439人，明治10年（1877）でも241人であり，他に類例を見ない多人数による息の長い団体であった．日野商人の団結には2つの柱があった．1つは日野大当番仲間が，売掛金返済訴訟において江戸幕府の評定所へ直に上訴できる法的手続きを明記した規定を持っていたことである．一審制であり，最高裁判所に相当する幕府評定所へ直訴する特典を有していた大当番仲間の商人は，評定所から裏判を得てそれを債務者に呈示することによって売掛金を回収できたのである．政治的支配の異なる遠国に商圏を張った近江商人にとって，債権の確保は最大の関心事であったことは論を俟たない．

　もう1つの柱は，中山道と東海道での特約旅館制度である．特約旅館は，「日野商人定宿」の看板を掲げ，長旅を続ける近江商人に心身の安らぐような

いては，末永國紀「商人資本の蓄積過程—近江商人外村与左衛門家の場合」（同志社大学『経済学論叢』第52巻第3号，2001年）があり，矢尾喜兵衛家については，末永國紀「商人資本の蓄積過程—近江商人矢尾喜兵衛家の場合」（同志社大学『経済学論叢』第54巻第4号，2003年）がある．

サービスを提供すると同時に，取引の利便性を与えるものであった．

3.　マネジメントの手法

3.1　在所登り制度と人材評価

　近江商人の奉公人制度は，12歳前後の子供を採用し，丁稚・手代・番頭へと昇進し，支配人や別家に登りつめる丁稚制度であった．近江商人の奉公人制度には特徴があった．第1は，奉公人として近江出身の男子を採用し，住み込み制をとったことである．近江店は生活習慣に共有感のある同郷の男子のみであり，主人も妻子は本宅に残した．それは，まさに上下一丸となって商戦の最前線に立つことのできる商いの常備軍であった．

　また，遠国の出店では，奉公人の在所（近江）への帰郷を毎年行うことはできない．一定の年数を限って帰省を認め，それを在所登りといった．初めての登りを初登り，2回目を中登り，3回目を三度登りというように，登りを重ねるにつれて，店内で昇進していった．50日ほどの在所登りの期間に本人の勤務評定が行われ，再勤の可否が問われた．したがって，在所登り制度は，登りの回数と昇進の組み合わされた人材選抜制度であった．

　このような子飼いの奉公人に対して，中途採用者については，家訓の中で特記されている場合がある．すなわち，有能な中途入店者が上役に就くことがあっても，人並みの働きのない幼時から主家の世話になった子飼いの奉公人の方が遠慮すべきであり，決して取り沙汰してはならないというのである．

　人物評価で重視されたのは，機敏ということであり，役立つ人物かどうかを意味する，「間に合う，間に合わない」が重要な評価基準となった．一方，大勢の奉公人をあずかる主人の立場について，4代目矢尾喜兵衛は次のように考えている[6]．「主人は奉公人に商いの道を教え，一人前の商人に育てる義務を負った師匠である．時に奉公人が我慢ならないようなことを仕出かしたとしても，見放すことなく，人としての道を辛抱強く教導するのが主人の役目である」，と述べている．

6）末永國紀・本村希代・奥田以血「近江商人の石門心学修養録―「商主心法　道中独問答寝言」（同志社大学『経済学論叢』第57巻第2号，2005年）．

3.2　報奨制度と組織改革

　店が営利集団である以上，奉公人の精励を期待する仕組みを備えておくこと
も重要であった．その仕組みが三つ割銀制度であり，出精金制度である．例え
ば，総合商社伊藤忠の業祖初代伊藤忠兵衛は，店員の精励に応えるために，三
つ割銀制度を店法の中で表明している．純利益を本宅納め，店積立て，店員配
当に 3 分割し，店員配当分の 3 分の 2 は毎年配当し，残りの 3 分 1 は功労積立
金として本宅に積み置いた[7]．

　店員の忠誠をつなぎとめるために，出精金制度を取り入れている商家もあっ
た．駿河国御殿場に出店を構えた山中兵右衛門家は，文久 2 年（1862）の家政
改革で，「主法金」と称する出店収益の 25% を店員に配分する出精金制度の取
り決めをおこなっている[8]．

　風雪をしのいできた老舗は，歴代当主の中に節目となるような業績を残した
人物を輩出している[9]．450 年を超える社歴を誇る「ふとんの西川」の祖であ
る西川甚五郎家の 7 代目の利助は，不況期の明和 8 年（1771）に相続し，経営
組織に大改革を加えた．不時の出費に備えるために，地代や純益の一部を用意
金として積み立てて貸付や不動産投資に回して利殖し，奉公人への三つ割銀制
度を取り入れ，本家・分家・別家の共同責任体制を明確にした．明治期を担当
した 11 代目甚五郎も，明治 20 年頃から布団の取り扱いを始めて，家業関連商
品への拡張戦略を取り，新時代に即応した経営の改革を断行した．これらの事
例は，組織改革なくして老舗の存続はありえなかったことをよく示している．

4.　地域貢献活動

4.1　埼玉県下の出店

　本宅を近江に維持して全国を活動舞台とした近江商人は，地元や出店を設置
した地域住民への細やかな配慮，江戸期の言語でいう「陰徳善事」という社会

　7 ）末永國紀「近江商人初代伊藤忠兵衛の大阪時代」（大阪商業大学『商業史博物館紀要』第 17 号，
　　2016 年）．
　8 ）松本宏編著『近江日野商人の研究』日本経済評論社，2010 年，166 頁．
　9 ）下村富士男編集『西川四百年史稿本』西川産業株式会社，1966 年．

貢献を絶やさなかった．2019 年の日本経済政策学会全国大会は，埼玉県坂戸市の城西大学において開かれた．大会テーマは，「地域創生，そして日本創生へ」である．近江商人の研究者の筆者へ大会報告の要請があり，近江商人の地域貢献を「近江商人の陰徳善事という地域貢献」のタイトルで発表した．以下においては，その報告内容に基づいてやや詳しく陰徳善事について見ていくことにする．

　武蔵国（埼玉県），上野国（群馬県），下野国（栃木県），常陸国（茨城県）など，北関東地域は，図表 1 にも見るように近江商人にとっては有望な商圏であり，牙城ともいえる地盤であった．例えば，近江商人の代表的な淵叢地である現在の日野町出身の商人によって，城西大学の所在する埼玉県域に江戸時代から近代にかけて設置された出店は以下のとおりである．

出店所在地	店主	開店年次	営業種
騎西町	小森久左衛門	宝暦 5 年	酒醤油醸造
本庄町	小森久左衛門	明治 43 年	酒醤油販売
吉川町	西村市郎右衛門	安永 1 年	酒荒物油類販売
吉川町	西村市郎右衛門	大正 7 年	縄莚酢醸造
大宮町	岡伊右衛門	昭和 1 年	醤油味噌醸造
忍町	小川源右衛門	明治 17 年	酒醤油
熊谷町	中澤半七	明治 19 年	薬種紙商
川越市	名坂喜兵衛	明治 21 年	酒醸造
豊岡町	池内近三	明治 20 年	酒醤油
大里郡武川村	永田定治郎	明治 40 年	酒
川越町	社甲子太郎	大正 13 年	酒醤油醸造

　　　　　　　　　　　　　　　　　　　　　　（以下，町志編纂時閉店）

秩父吉田	矢野新右衛門	享保以前	呉服醤油醸造
野上	矢野新右衛門	―	酒醸造
越生	矢野新右衛門	―	醤油醸造
善能寺	矢野新右衛門	―	酒醤油
忍町行田	矢野新右衛門	―	酒醸造

大宮町	矢野新右衛門	―	酒醸造
小川町	矢野新右衛門	―	酒醸造
北葛飾郡彦成	西村徳右衛門	延享年間	酢醸造
入間川町	北村彌左衛門	明治 18 年	醤油醸造
川越	島﨑仙右衛門	明治 37 年	酒醸造

計 21

（以上，『近江日野町志』巻中，昭和 5 年刊）

入間川町	堀井常吉	明治 36 年	酒醤油雑貨
小川町	安井勝三郎	明治 3 年	醤油
久喜町	鈴木仙右衛門	文政 4 年	酒醤油肥料
忍町	鈴木忠右衛門	安永 9 年	酒醸造
熊谷町	鈴木忠右衛門	天明 7 年	酒醸造
寄居町	藤崎摠兵衛	宝暦 6 年	酒醸造
熊谷町	藤崎摠兵衛	明和 6 年	酒醸造
深谷町	田中藤左衛門	享保 17 年	酒醸造
鳩ヶ谷町	久野善五郎	文政年間	醤油醸造
熊谷町	皆堂嘉右衛門	宝暦 8 年	酒醸造（文化 4 年閉店）
下吉田町	杉村佐吉	明治 23 年	太物荒物雑穀
秩父町	岡幸八	文化年間	酒
鶴瀬村	木田鉄吉	大正 3 年	味噌醤油醸造
長野村	横田庄右衛門	宝暦 10 年	酒醸造
忍町	河原平右衛門	文政 1 年	酒肥料
秩父町	矢尾喜兵衛	寛延 2 年	酒醤油呉服雑貨
皆野町	矢尾喜兵衛	明治 12 年	酒醤油呉服肥料
羽生町	乾助三郎	天保 14 年	酒類雑貨
児玉町	久田武平	文政 10 年	醤油醸造
児玉町	久田圓蔵	天保 13 年	醤油米穀荒物卸小売
並木村	布川栄助	元治 1 年	酒醸造（明治 26 年閉店）
鴻巣宿	藤川芳蔵	明治 3 年	醤油醸造

計 22

（以上，『近江蒲生郡志』巻五，大正 11 年刊）

日野町というごく限られた地域出身の近江商人によって埼玉県域に開設された出店数は，総計 43 に上る．業種は圧倒的に醸造業が多く，中でも酒造業が抜きんでている．

4.2　釜屋小森久左衛門家に残る借用証文

これらの商人によって行われた陰徳善事のうち，研究の進んでいるいくつかの事例を挙げておこう．

まず，小森久左衛門家である[10]．騎西町（現・埼玉県加須市）において現在も盛業中である酒造業(株)釜屋の元祖の初代小森新八は，蒲生郡日野大谷村（現・滋賀県日野町大谷）の農家の次男として生まれた．寛延年間（1748～50 年）に持下り商いを開始し，近江と関東との間を往復した．宝暦 5 年（1755）に利根川水系の武蔵国埼玉郡騎西町町場に釜屋新八の屋号で出店を開いた．

釜屋小森久左衛門家の存在が，本宅のある日野や出店所在地の騎西を中心とする地域に経済的にどのような意味を持っていたのかを検証するために，残存する江戸時代の金子借用証文を分析してみよう．借用証文は全部で 187 通であり，借用年次と借用人の居住地の判明するのは 135 通である．図表 2 は寛政 6 年（1794）から元治 2 年（1865）にわたる年次順に，居住地，金額，名前を付した借用証文の一覧表である．

最も金額の大きな 360 両を借りている弘化 3 年（1846）の借用証文（「借用申金子之事」）は次のとおりである．

借用申金子之事

一　金六拾両也　　　　　　　　年賦金滞り
一　金弐百両也　　　　　　　　元金
一　金弐百拾両弐分ト拾匁也　　右弐百金り足，巳ノ九月より丑十月迄

---

10) 以下，釜屋小森久左衛門家については，末永國紀「近江商人小森久左衛門家の経営」（同志社大学『経済学論叢』第 64 巻第 1 号，2012 年）による．

　　　　　　　　　　　　　　〆十三ヶ年二ヶ月之滞，年八朱之割

都合　金四百七拾両弐分卜拾匁

　　　内　金百拾両弐分卜拾匁　御勘弁ニ預リ

引残而　金三百六拾両也

右之金子商売元手金ニ差支借用仕置候処実証ニ御座候，然ル処右金子返済
方ニ差支へ，無余儀善助清兵衛両人を以て年賦金ニ相願イ申上候処，格別
之御勘弁を以て御聞届けケ被成下，然ル上者当年午年より丑年迄二十ヶ年
間之間壱ヶ年ニ拾八両宛無相違急度返済可仕候，万一当人如何様之儀有之
候共，右金子無相違急度返納可仕候，若し相滞り候ハ、請人引受対談之通
り急度相弁し，貴殿へ少も御損毛相懸ケ申間敷候，為後日之年賦証文仍而
如件

　　　弘化三年

　　　　　午十月　　　　　　　　　　　　　　　借用人

　　　　　　　　　　　　　　　　　　　　　　　騎西町

　　　　　　　　　　　　　　　　　　　　　　　　井筒屋佐助

　　　　　　　　　　　　　　　　　　　　　　借用人

　　　　　　　　　　　　　　　　　　　　　　　小山宿

　　　　　　　　　　　　　　　　　　　　　　　　日野屋治兵衛

　　　　　　　　　　　　　　　　　　　　　　請人

　　　　　　　　　　　　　　　　　　　　　　　鳩ケ谷宿

　　　　　　　　　　　　　　　　　　　　　　　　井筒屋善五郎

　　　騎西町

　　　　釜屋新八殿

　　この証文は，騎西町の井筒屋佐助と小山宿の日野屋治兵衛の二人が，釜屋新
八から商売元手金を 200 両借り，元利が 470 両 2 分と銀 10 匁となったところ
で，110 両 2 分と 10 匁は債務免除してもらって，残り 360 両を 20 年賦で返済
することを約束した借用証文の写である．

　　もう 1 つの大きな金額は文化 9 年（1812）の篠川惣右衛門による 300 両の借
用証文である．借用の事情は書かれていないが，篠川惣右衛門の名前の下には

図表 2 小森久左衛門家に残る金子借用証文

和暦	西暦	地域	金額	借主	和暦	西暦	地域	金額	借主
寛政 6 年	1794	騎西	30 両	七左衛門	文化 6 年	1809	上柳村	2 両	勘左衛門
寛政 8 年	1796	騎西	40 両	権右衛門	文化 6 年	1809	境村	2 分	茂兵衛
寛政 10 年	1798	騎西	15 両	茂兵衛	文化 6 年	1809	上会下村	10 両	藤助
寛政 12 年	1800	騎西	20 両	茂兵衛	文化 6 年	1809	上会下村	1 両 1 分	仁右衛門
享和元年	1801	騎西	20 両	弥左衛門	文化 6 年	1809	正能村	2 分	弥惣八
享和元年	1801	騎西	39 両	弥左衛門	文化 7 年	1810	騎西	3 両	勇蔵
享和元年	1801	騎西	10 両	弥五左衛門	文化 7 年	1810	騎西	3 両 2 分	弥五左衛門
享和 2 年	1802	戸崎村	2 両	仙右衛門	文化 7 年	1810	内田ヶ谷村	3 両	伴吉
享和 2 年	1802	戸崎村	2 両	金次郎	文化 7 年	1810	根古屋村	1 両 1 分	千蔵
享和 2 年	1802	新田町	2 両 2 分	勇蔵	文化 7 年	1810	騎西	50 両	与右衛門
享和 2 年	1802	新田町	1 両	孫七	文化 8 年	1811	上会下村	2 両 2 分	善助
享和 3 年	1803	上高柳村	5 両	重兵衛	文化 8 年	1811	新井村	1 両	武左衛門
享和 3 年	1803	下崎村	5 両	直吉	文化 9 年	1812	不動岡村	10 両	清右衛門
文化元年	1804	高柳村	3 両 2 分	十兵衛	文化 9 年	1812	新井村	3 両	勇八
文化 2 年	1805	上会下村	2 両	藤助	文化 9 年	1812	上会下村	3 両	藤助
文化 2 年	1805	上柳村	3 両 2 分	要蔵	文化 9 年	1812	上会下村	2 両	善兵衛
文化 3 年	1806	境村	1 両	由右衛門	文化 9 年	1812	篠津村	300 両	篠川惣右衛門
文化 3 年	1806	荒川村	4 両 2 分	忠右衛門	文化 9 年	1812	鴻茎村	1 両	仙右衛門
文化 3 年	1806	行田町	1 両	長門屋藤八	文化 10 年	1813	戸崎村	2 両	市兵衛
文化 3 年	1806	上柳村	3 両	利助	文化 10 年	1813	騎西	20 両	勇蔵
文化 3 年	1806	上高柳村	4 両	万吉	文化 10 年	1813	鴻茎村	5 両	仙右衛門
文化 3 年	1806	境村	5 両	安右衛門	文化 10 年	1813	元町	10 両	弥平治
文化 3 年	1806	境村	1 両 2 分	善能寺	文化 10 年	1813	不動岡村	5 両	清右衛門
文化 3 年	1806	上会下村	5 両	半右衛門	文化 11 年	1814	戸崎村	2 両	市兵衛
文化 3 年	1806	上会下村	3 両 2 分	藤助	文化 11 年	1814	鴻茎村	5 両	仙右衛門
文化 3 年	1806	上会下村	4 両	半右衛門	文化 11 年	1814	新田町	15 両	勇蔵
文化 3 年	1806	上会下村	2 両	惣兵衛	文化 11 年	1814	新井村	5 両	勇八
文化 3 年	1806	上会下村	2 両	藤助	文化 11 年	1814	道地村	5 両	弥平治
文化 3 年	1806	上柳村	1 両	友右衛門	文化 11 年	1814	境村	10 両	源治郎
文化 4 年	1807	上会下村	1 両 2 分	多吉	文化 12 年	1815	鴻茎村	2 両	吉左衛門
文化 4 年	1807	上会下村	3 分 400 文	市右衛門	文化 12 年	1815	騎西	100 両	藤兵衛
文化 4 年	1807	上新郷	7 両	利右衛門	文化 12 年	1815	境村	3 両	兵右衛門
文化 4 年	1807	上会下村	1 両	惣左衛門	文化 12 年	1815	鴻茎村	5 両	仙右衛門
文化 4 年	1807	中之目村	3 両	吉蔵	文化 12 年	1815	騎西	1 両 2 分	又七
文化 4 年	1807	岡古井村	7 両	伊三郎	文化 14 年	1817	中種足村	1 両	文七
文化 4 年	1807	騎西	10 両	平八	文化 14 年	1817	中種足村	2 両	久右衛門

（図表2　つづき）

和暦	西暦	地域	金額	借主	和暦	西暦	地域	金額	借主
文化15年	1818	騎西	20両	小左衛門	文政9年	1826	騎西	2両	弥五兵衛
文政元年	1818	近江十禅師村	200両	佐助	文政9年	1826	岡古井村	2両	清七
文政元年	1818	近江十禅師村	100両	治兵衛	文政10年	1827	境村	5両	喜右衛門
文政2年	1819	騎西	3両	助右衛門	文政10年	1827	境村	3両	小四郎
文政3年	1820	上柳村	6両	与兵衛	文政10年	1827	日出安村	2両	金右衛門
文政3年	1820	上柳村	1両	勘十郎	文政11年	1828	騎西	5両	和重郎
文政3年	1820	戸崎村	2両	市兵衛	文政11年	1828	内田ヶ谷村	2両	伴吉
文政3年	1820	騎西	20両	小左衛門	文政12年	1829	江戸小伝馬町	3両	佐渡屋久兵衛
文政3年	1820	正能村	5両1分	半右衛門	文政12年	1829	根古屋村	3両	金剛院
文政3年	1820	戸ヶ崎村	10両	常右衛門	文政13年	1830	新井村	3両	藤吉
文政4年	1821	騎西	10両	勇蔵	文政13年	1830	騎西	2両	いつ
文政4年	1821	正能村	1両1分	平次郎	天保2年	1831	新田町	3両	半兵衛
文政4年	1821	戸ヶ崎村	7両	要蔵	天保3年	1832	上崎村	5両	佐吉
文政4年	1821	騎西	26両1分	平治郎	天保4年	1833	関新田村	20両	重太郎
文政5年	1822	鴻茎村	2両	吉左衛門	天保4年	1833	境村	7両	善能寺
文政5年	1822	正能村	1両1分	平次郎	天保5年	1834	上崎村	3両	吉右衛門
文政5年	1822	道地村	3両	惣助	天保6年	1835	上柳村	6両	林蔵
文政5年	1822	道地村	1両2分	弥惣治	天保10年	1839	騎西	3両	浄楽寺
文政5年	1822	戸ヶ崎村	5両	与左衛門	天保10年	1839	騎西	2両	浄楽寺
文政6年	1823	下崎村	3両	清蔵	天保12年	1841	加須町	20両	江戸屋栄蔵
文政6年	1823	道地村	20両	磯右衛門	弘化3年	1846	騎西	360両	井筒屋佐助
文政6年	1823	菖蒲横町	2両	丑五郎	弘化3年	1846	尾崎村	20両	佐七
文政6年	1823	牛重村	2両	庄五郎	弘化4年	1847	騎西	30両	豊四郎
文政6年	1823	常泉村	12両	伊右衛門	嘉永2年	1849	下崎村	9両	重太郎
文政7年	1824	騎西	60両	覚治郎	嘉永7年	1854	騎西	2両	浄楽寺
文政7年	1824	秀安村	1両2分	平蔵	安政5年	1858	元町	4両	金助
文政7年	1824	鴻茎村	2両	吉右衛門	安政6年	1859	騎西	2両2分	浄楽寺
文政7年	1824	日出安村	2両	平蔵	元治元年	1864	騎西	3両	民吉
文政7年	1824	篠津村	60両	惣右衛門	元治元年	1864	南篠崎村	20両	与兵衛
文政8年	1825	清水脇村	10両	兵左衛門	元治元年	1864	南篠崎村	70両	与兵衛
文政8年	1825	境村	2両	佐四郎	元治2年	1865	騎西	1両	浄楽寺
文政8年	1825	鴻茎村	7両	弥五郎					

史料：小森久左衛門家文書.

屋号のある印判が押されているので，商用のためであったと思われる．

　さらに文政元年（1818）の近江国十禅師村の佐助による 200 両と治兵衛による 100 両の借用証文も，商用のための借入であったと考えられる．特に 100 両を借りている治兵衛の借用証文には「商用に差支え」と明記してある．十禅師村は小森家本宅のある大谷村の近村である．

　一方，少額の借用証文を文化 7 年の伴吉による 3 両の証文で見ると，借用事情は次のとおりである．

　　　　　　入置申一札之事
　　　一　御上米四拾表　　　但シ四斗入納
　　右之御上米，来ル廿四日までニ取立，其時之相場を以貴殿え売払可申候，
　　然所無拠要用ニ付，為手金者三両，只今当借仕候所実証也，万一御米相滞
　　り候ハ，加判之もの罷出，手金者不及申利足共ニ急度相添テ御返済可仕候，
　　為後日入置証文仍而如件
　　　　　文化午年十一月九日　　　　　　　　　正木左近知行所
　　　　　　　　　　　　　　　　　　　　　　武州埼玉郡内田ヶ谷村
　　　　　　　　　　　　　　　　　　　　　　　名主　　伴吉印
　　　　　　　　　　　　　　　　　　　　　世話人　善蔵印
　　　　　　　　　　　　　　　　騎西町　同　　　藤兵衛印
　　　　　騎西町
　　　　　釜屋新八殿

　内容は，正木左近の領地である武州埼玉郡内田ヶ谷村（現・埼玉県加須市）の名主伴吉が，上米 40 俵を釜屋新八へ売却することを約束し，そのことを担保に 3 両の手付金を借用したというものである．この証文では，借用者の伴吉が名主を名乗っているので，年貢米の酒屋への上米の在払い形式をとった借用証文ともみなされよう．

　次に，ごく少額を借用した場合の事情を見よう．文化 6 年 3 月に金 2 分を借りた正能村（現・埼玉県加須市）の弥惣八の事情は，「馬相求め候時差支え」というものであった．同じ文化 6 年 12 月，金 2 分を借り入れた境村茂兵衛の返

済期限は翌年3月である．よほど差し迫った事情のあったことがうかがえる．

　135通の借用人の居住地は，前述のように文政元年（1818）の佐助と治兵衛，および文政8年の兵左衛門が近江国蒲生郡であり，文政12年の佐渡屋久兵衛が江戸小伝馬町三丁目の居住であることを除くと，他はすべて騎西を中心とするその周辺の地域である．

　このような返済されなかった金子の記録である残存借用証文の限られた分析を通じても，釜屋新八が商用から生活資金にいたるまで出店所在地周辺の多様な資金需要に応える存在であったことがうかがえる．金銭貸借は，貸し手と借り手の両者による他に知られることのない内密の契約である．返済を無理に迫らなかった結果としての借用証文の残存であり，釜屋小森久左衛門家の果たした地域金融機関としての役割には，陰徳善事の意味合いも含まれていたと察することができよう．

4.3　お助け普請

　釜屋小森家については，もう1つの陰徳善事である「お助け普請」も紹介しておこう．釜屋が，明治19年（1886）に一大貯酒庫建設を敢行したことである．時代は，紙幣整理による近代的信用制度の確立を目指した明治14年から始まる5年間に及ぶ松方デフレ政策のもたらした深刻な不況下にあった．米麦・養蚕地帯の騎西地方は，農産物価格の下落のために大打撃を受けていた．

　釜屋小森家は，同19年2月19日の地鎮祭の余興に，東京大相撲の大関大達羽左衛門を招いて土俵入りを披露して近隣住民の娯楽に供した．総ケヤキ造り，二階建て，建坪200坪の貯酒庫は6月4日に棟上げとなった．小森久左衛門家文書の「新築酒造庫棟上諸品記」によれば，大工などの工事関係者は51人，祝儀として配った米銭は102人に及んだ．大不況期の起工だったので，難民救助の一助となり，貯酒庫建築工事は，「釜屋のお助け普請」と呼ばれて，長く称えられた．

4.4　升屋矢尾喜兵衛家の施米財施と秩父事件

　もう1つの陰徳善事の事例は，前述した升屋矢尾喜兵衛家に関するものである[11]．近江国蒲生郡中在寺村に本宅をおく矢尾喜兵衛家の創業年は，初代喜

写真 3　「異見之事」（矢尾喜兵衛家文書）

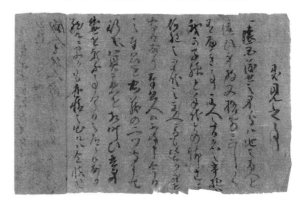

兵衛が 39 歳で同郷の矢野新右衛門家から別家を認められた寛延 2 年（1749）
である．喜兵衛は，武蔵国秩父郡大宮郷（現・埼玉県秩父市）に酒造業と万卸
小売業を主家との乗合商いの形態で開店した．以来，270 年を経て，現在は秩
父市において株式会社組織の酒造業矢尾本店，矢尾百貨店，葬祭業メモリアル
秩父を盛業中である．

　升屋矢尾喜兵衛家の 4 代目当主忍之は，開店後 100 年以上を経た安政年間に
なってもなお，自分たちは外来者であることを忘れずに，品行を方正にしなけ
ればならないと店員を諭した．その文言は次のとおりである．「遠国渡世の身
分は地の商人と違ひ，身持また格別に正しく有るべきこと」（写真 3）．すなわ
ち，自分たちのような他所からやってきて商売している者は，地元の商人衆と
は立場が違うことをわきまえていなくてはならない．だから外来商人として絶
えず身持を正しくするように努めるべきであり，他国者意識を忘れてはならな
い，と説いている．

　外来商人升屋矢尾喜兵衛家が出店周辺住民へ実施した施米財施は，以下のよ
うにまとめられる．

11）升屋矢尾喜兵衛家の作善については，末永國紀「近江商人矢尾喜兵衛家の年中行事と作善―武州
　　秩父店の場合―」（同志社大学『経済学論叢』第 47 巻第 4 号，1996 年）を参照．

写真4　明治17年の秩父事件（根岸君夫筆）

- 節句を単位として，店役が町内から町裏まで挨拶回り
- 飢饉時の白米施与と米の安売り，貧民への財施
- 矢尾家の法事に白米施与
- 嘉永4年の85両の出世証文を始めとする多数の借用證文類残存

　地元に配慮した経営が升屋矢尾家を救う事態が発生した．江戸時代の武蔵地方は，百姓一揆や打ちこわしの多発した地帯である．幕末の慶応2年（1866）6月13日には，外秩父の名栗村で勃発した一揆は養蚕や絹織物業を営む地域一帯を含む大規模な武州世直し一揆に拡大した．直接の原因は安政の開港によって秩父地方の副業としての生糸・絹織物がいきなり世界経済と直結した輸出産業に転化したことにある．この事件は「秩父近辺打毀一件」という名主松本家に伝わる史料に詳述されている．この時，矢尾家は，商品の縮緬を荒され，米500俵と金1,000両に酒7樽を拠出させられたが，他の商家とは違って打ちこわしはまぬがれた．

　また，明治17年（1884）の秩父事件の際も，一時は全秩父郡を制圧した一揆勢から「高利貸のような不正を行う店ではない」と認定され，炊き出しを依頼されたのみで，通常の商いを保証された，という話は有名である（写真4）．

　升屋矢尾家の出店は，大宮郷において当時すでに最大の商家に成長していた．

写真 5　中井正治右衛門の建立した擬宝珠（滋賀県日野町，中井源左衛門家旧宅）

その他国者の出店に対して，非常時における一揆勢によるこの際立った扱いは，日頃から徳義を重んじ，地域に配慮した升屋矢尾家の経営への地域住民の理解と評価のたまものである．

4.5　中井正治右衛門の瀬田唐橋架橋

　この他，普段から近江の本宅や出店の住民への施米や財施に努めた近江商人の社会公共のために尽くした陰徳善事は，数えるいとまもないが，わずかに瀬田唐橋の一手架け替えと，琵琶湖周辺の土砂扞止工事，山梨県での治山治水事業を紹介しておこう．

　父親の初代中井源左衛門から京都出店を相続して，東国との間での諸国産物廻しや大名貸しによって蓄財した初代中井正治右衛門は，文化 9 年（1812）に幕府に願い出て，古代以来最も重要な瀬田唐橋を独力で架け替え，将来にわたっての架け替え基金を寄付した[12]．

　瀬田唐橋は，琵琶湖から唯一流出する瀬田川に架かる東海道の橋であり，東国と畿内の出入口を扼する要衝である．壬申の乱，源平合戦，承久の乱では瀬田唐橋をめぐって攻防戦が繰り広げられた．

　正治右衛門が橋を管理する京都町奉行所へ，亡父の初代中井源左衛門の遺志を実現することを理由に申し出た寄付は，工事と基金の総計 3,000 両．今次の架け替えに 1,000 両を費やし，残る 2,000 両を積み立てて次回の架け替えの費用に回すという計画である．正治右衛門は，3 本の瀬田唐橋を架け替える費用を負担するというのである．

　幕府は正治右衛門の申し出を受け入れ，工事監督を任せた．正治右衛門は増し金になるのも厭わずに，杉材をより強固な草槇材に取り替えさせて，文化 12 年に架橋を完成させた．幕府はその功を賞し，苗字帯刀を許した（写真 5）．

12）この項は，前掲，江頭恒治『近江商人中井家の研究』，134 〜 136 頁による．

写真 6　塚本定次（1826 〜 1905）（左）と塚本正之（1832 〜 1918）（右）（聚心庵蔵）

4.6　塚本定右衛門家の公共慈善事業

　治山治水事業に資金を投じたのは，文政 9 年（1826）生まれの塚本定右衛門
家の 2 代目定右衛門定次と，その実弟で天保 3 年（1832）生まれの塚本粂右衛
門正之の兄弟である（写真 6）．塚本家は，初代定右衛門が生れた神崎郡川並村
（現・滋賀県東近江市五個荘川並町）に本宅を置き，小町紅などの小間物の持下
り商いに始まって文化 9 年（1812）に甲府柳町に拠点を設け，呉服太物，荒物
へと取り扱い商品を拡大して，幕末には上方と関東との廻船業も手がけた．明
治期の本支店の体制は，川並の本宅，天保 10 年（1839）開店の六角富小路の
京都店，明治 5 年（1872）設置の日本橋伊勢町の東京店，同 29 年に開設した
小樽の出店を軸とするものであった．

　定次と正之の塚本兄弟は，明治 2 年（1869）には早くも「塚本申合書」を制
定して新時代への対応姿勢を定めた．同 19 年に家督を 3 代目定右衛門定治に
譲って隠居した定次の交友範囲は広く，明治期のオピニオンリーダーの勝海舟
や福沢諭吉，住友総領事の広瀬宰平や伊庭貞剛，河上謹一，教育家杉浦重剛，
宗教家の赤松連城，北大初代総長の佐藤昌介等とも親交を結んだ．勝海舟の語
録を編纂した『氷川清話』には，定次自身から公共建築物，道路改修，被災者
救済への寄付や植樹植林事業という公益のための出費を厭わない行動を聴いた

勝海舟は，「なかなか大きな考へではないか，かような人が，今日の世の中に幾人あらうか」と，感賞している．

　このような塚本家の公共慈善事業の中でも特筆されるのは，定次と正之の兄弟によって 100 年先を見越した琵琶湖の土砂扞止工事と山梨県の治山治水事業への寄付である[13]．

　琵琶湖周辺の河川から流入する土砂を扞止するための寄付事業は，県庁予算と連携して実施された．明治 27 年（1894）から同 40 年にかけて行われたものについて，「塚本寄附金地方税連帯土砂扞止工費」という史料が塚本定右衛門家文書に残っている．この 14 年間に実施された堰堤築造や樹苗植栽事業は，琵琶湖の周辺全域に及んでいる．この間の総面積 260 町 5 反 3 畝 26 歩にわたる工事費用は，5 万 7,056 円に上った．県費と塚本家出費の割合は 2 対 1 であり，塚本家は県費の半分の 1 万 9,000 円余を負担している．例えば，明治 38 年から同 40 年にかけて行われた竣工反別 68 町 1 反 1 畝 12 歩の工事費の合計は，2 万 4,300 円であった．その内訳は，県費 1 万 6,200 円であり，塚本家は 8,100 円を寄付している．

　明治 36 年から同 40 年にかけて，伊吹山山麓の三谷尻川の土砂扞止工事の恩恵を受けた東浅井郡七尾村相撲庭（現・滋賀県長浜市相撲庭町）には，村民によって明治 39 年 10 月に建てられた「鎮安地徳」と題する塚本兄弟の顕彰石碑が，顧みられることもなく凝然とし立っている．

　山梨県東山梨郡三富村上釜口（現・山梨市三富上釜口）には，塚本定右衛門家にちなんで命名された面積 181 町 2 反 1 畝 3 歩の「塚本山」がある．その由来を語ることは，塚本家の治山治水事業による地域貢献の物語となる．

　山梨県は，明治 40 年（1907）8 月 22 日から 1 週間続いた豪雨によって，笛吹川をはじめ河川が各地で氾濫し，約 2 万戸が流失し，浸水家屋は 1 万 5,000 戸を超える被害を受けた．さらに 43 年 8 月 6 日から 11 日にかけて再び豪雨に見舞われ，甲府市内の 3 分 1 が浸水した．この相次ぐ水害被災に対して，洪水対策の緊急性が叫ばれ，県民の要望に応えて，明治 44 年 3 月に皇室林約 30 万町歩が明治天皇によって県に下賜された．

13）琵琶湖の土砂扞止工事と山梨県の治山治水事業への寄付については，末永國紀『近江商人　三方よし経営に学ぶ』ミネルヴァ書房，2011 年，参照．

明治44年は，塚本家にとってちょうど甲府創業100年目であった．塚本一統は父祖の地の水害被災による惨状を見て，塚本合名会社名で山梨県へ植樹費用1万円を寄付したが，それは売名となることを避けるために，地元の有力者に慎重に諮問したうえでの決断であった．

山梨県は，塚本合名会社による寄附金を明治天皇から下賜された県有林の植樹費用にあてることにして，その県有林の笛吹川上流一帯を「塚本山」と命名したのである．大正2年（1913）春から始まった植林は，厳選したヒノキ，スギ，カラ

写真7　塚本山の顕彰石碑

マツを植えて4年春に終了した．この間，塚本家一統の盟主3代目定右衛門定治は，業務の合間に現場へ出かけ，笛吹川河岸の神社で作業の無事を祈った．

以後，下草刈りや枝打ち等の保育作業が続けられ，昭和27年（1952）の調査では，総蓄積3万2,370立方メートルの見事な森林が確認された．現在ではヘリコプターで搬出しても採算の合う三面無節の優良材の産地に成長している．現地の森林には，すべて忘れ去られたように塚本家の顕彰石碑がひっそりと鎮まっているのみである（写真7）．

5．まとめ

近江商人の流れを直接くむ現代企業は，西川産業・ツカモトコポレーション・伊藤忠・丸紅・日本生命・滋賀銀行・ワコールをはじめとして，小売り産業・繊維産業・醸造業などに数多く存在する．そのほとんどが，出店から成長転化した100年以上の社歴のある老舗企業である．もともと縁もゆかりもなく，ただ商圏として有望であるとの見込みをつけて乗り込んできたに過ぎない存在が，長年の商いの中で地域に受け入れられるには，商行為そのものを通して，直接の取引先のみでなく地域の人々の共感を得られるような努力が代々にわたって積み重ねられる必要があった．近江商人の陰徳善事の根底には，出向先の地域に受容され，事業を安定的に継続したいという祈願があった．当座の利益

写真 8　73 歳の初代中井源左衛門
　　　　（司馬江漢筆）

よりも継続を重視した経営観である．その代表例が初代中井源左衛門の遺言ともいうべき，90 歳となった文化 2 年（1805）正月の「金持商人一枚起請文」のうちに見ることができる．初代源左衛門は，19 歳のとき，2 両の自己資金で売薬の持下り商いを開始し，最晩年には 11 万 5,375 両の純資産を築いた立志伝中の人物である（写真 8）[14]．

　もろもろの人々沙汰し申さるるは，金たまる人を運のある，我は運なきなどと申すは，愚にして大なる誤りなり，運と申すことは候はず，金持にならんと思わば，酒宴遊興奢りを禁じ，長寿を心がけ，始末第一に，商売を励むより外に仔細は候はず，この外に貪欲を思はば先祖の憐れみにはずれ，天理にもれ候べし，始末と吝きの違いあり，無智の輩は同事とも思うべきが，吝き光は消えうせぬ，始末の光明満ちぬれば，十万億土を照すべし，かく心得て行いなせる身には，五万十万の金の出来るは疑いなし，ただ運と申すことの候て，国の長者とも呼ばるゝことは，一代にては成りがたし，二代三代もつゞいて善人の生まれ出るなり，それを祈り候には，陰徳善事をなさんよりまったく別儀候はず，滅後の子孫の奢りを防んため，愚老の所存を書き記し畢

　上記の内容は，普通の金持ちになる要件を述べ，ついで一国を代表するような長者になるための条件を語っている．身代が 5 万両や 10 万両程度の普通の金持になるには，酒宴，遊興，奢りを禁じ，長寿を心がけ，始末しながら精励すれば誰にでも可能である．それは運に左右されることではなく，要は勤倹に努めることである．その際に大事なことは，始末と吝嗇との違いを弁えておか

ねばならない.

　一国の長者になるためには, 始末と吝嗇の違いを認識しながら勤倹に働いて普通の金持を目指すような善人の子孫が2代も3代も続かねばならない. これはもはや人知を超えた運である. 善人の子孫を連続して得るためには, 陰徳善事に努めながら幸運を祈るしかない.

　この初代源左衛門の経営観には, 事業の継続を何よりも重視する考え方が表出していて, 利益そのものよりも善人の子孫に家業が承継されていくことを最優先する近江商人の陰徳善事を実践する心情が, 簡潔に投影されている.

　以上に見てきた近江商人の義挙ともいえる陰徳善事の数々は, 当初は誰もが知る陽徳であっても, 年月の経過とともに忘れられ, 陰徳に化していくことは避けられない. 陰徳となることをも好しとした近江商人の陰徳善事は, 収益性と社会性の両立という観点から, 法令順守や環境保護とともに社会貢献を重視して, 企業活動そのものを通して社会との良き関係を維持することが必要になってきているという, 今日のCSR（企業の社会的責任）やSDGs（Sustainable Development Goals – 持続可能な開発目標）の考え方の先駆けといえる.

第4章
見せる五感経営とは
―― 地域固有の自然と人と技術をつなぐ ――

石坂 典子

1.「自然と美しく生きる」会社

　私どもの会社は，埼玉県三芳町という所にあるんですが，ここ（城西大学坂戸キャンパス）から車で30分かからないかなぐらいのところです．いま会社は社員数が180名おりまして，平均年齢が38歳，4人に1人が女性と，そういうような会社で，産業廃棄物の，中間処理の仕事をしております．

　会社のコーポレートスローガンが，会社がちょうど2年前に50周年を迎えて，「自然と美しく生きる」と，こういうようなスローガンを社員の人たちが作ってくれたんです．自然と美しく生きるという言葉の下には，「つぎの暮らしをつくる」というサブテーマがありまして，その下には，「人と自然と技術の共生」という行動指針があります．私たちの活動が自然と共生するようにしていくためには，どういう技術革新をしていく必要性があるかというところです．

　それを考えながら仕事をしていこうという目的なんですけれども，写真1は私どもの会社が管理している会社周辺の様子です．いま非常に緑が綺麗で，この城西大学さんも非常にいま雰囲気の良い緑がたくさんある環境なんですが，大体東京ドームでいうと，4個分なんて説明もしてみますが，17万㎡くらいの緑地の管理をさせてもらっています．この季節になると年間大体5千人くらいの子供たちが社会科見学だったり，遠足だったり，それこそ幼稚園から大学生

写真1　くぬぎの森

たちまでが，いろんな授業で私たちの会社に来てくれたりもしています．これ
はその雰囲気なんですけれども，3年前から一般の方たちにも会社の里山の周
辺を公開していまして，気軽に家族連れでも来れるような環境づくりをしてい
ます．これから夏休みに入って，夏休みの宿題対策ですとか，そういったとこ
ろにも私たちが環境教育の一環として，プログラムをさまざまなものを用意し
て地域の方たちが気軽に来て体験すると，そういうような，環境になっている
んです．

　もともと，私たちのその会社のシンボルフラワーがヤマユリになっているん
ですけれども，別に社長が女性でヤマユリが好きだからということではなくて，
もともと，10年くらい前に地元のおばあちゃんとお話をしている時に昔はこ
この里山にはヤマユリの花が群生していたと，ところが最近は全くそれが見え
なくなって，非常に残念だというお話を聞いたところから，発展的に私たちが
里山の再生をしていこうと，こういうご縁があって，スタートしたものなんで
すけれども，これから7月になると綺麗なヤマユリがたくさん咲いてきます．

2.　100% 再生を目指す廃棄物処理

　自己紹介もする時間も割愛していこうかなと思うんですけれども，私は父の

会社を継いでおりまして，2 代目社長というところです．3 人兄弟でして，私
長女なんですけれども，もともとできれば建築デザインとか，インテリアデザ
インみたいな仕事がしたいなと思ったんですけれども，ちょっと縁がありまし
て父の会社にお手伝いに入りました．それが 27 年前のことです．

　私がやりたかったことはたまたま，当時アメリカでネイルサロンという事業
が非常に大きくなってまして，日本でこんな事業をしてみたら面白いのかなと
思いながらアメリカでネイルサロンという免許を取るわけです．

　ところが，自分で仕事をスタートするにもなかなかお金がないですから，縁
があって父の会社に勤めに入るという形なんですが，とにかく 1 日 300 台くら
いのダンプで運ばれてくる廃棄物なんですけれども，大体東京から半分くらい，
あとは残りはほとんどが埼玉県全域からきている廃棄物を取り扱うんですが．
初めて父の会社を見て，運ばれてくる廃棄物を分けている人たちを見た時に，
「すごい大変な仕事だな」っていうのが最初の印象です．当時は露天で経営し
てまして，来る廃棄物を全部手で分けていくわけですけれども，やっぱり好ん
で就職する仕事ではないのかなっていうのが第一印象でした．それと同時にこ
こで働いている人たちがいるからこそ，地域環境が変わっていくんだなという
ことを，見て初めて実感したわけです．

　あとは，私事務をさせてもらったんですけれども，とにかく皆さんが問い合
わせで私たちに声をかけてくださるのが，料金のことです．皆さんにとっては
いらない廃棄物ですからとにかく安いコストでやってもらいたいというところ
で，電話をかけてこられて，こういう廃棄物が出るんだけれども，お宅ではい
くらで処理してくれるのかっていう問い合わせなんですが，とにかく皆さんは
値段のことばかりを気にされています．より安いところを探して私どものとこ
ろに問い合わせにくると，こういう感じでした．まあ，価格でしか選ばれない
仕事っていうことです．非常に厳しいなと思いました．

　こういう事業を父が起こしているということだったんですけれども，当時大
きな焼却施設がありまして，1997 年に，父がダイオキシン対策焼却炉という
のを改造して建てていたんです．ところが 1999 年，それから 2 年後たまたま
テレビの報道で所沢ダイオキシン問題という話がありまして，農作物にダイオ
キシンが含まれているという報道になったんですね，それによって，地元のお

野菜たちが売れなくなっていくという状況になったんです．

　２年間裁判問題になりまして，最終的には，テレビ朝日さんと農家さんたちが和解をしていく，賠償金を払って和解をしていくと．よくよく調べてみたら高濃度のダイオキシンは含まれていなかったと，まあ，誤報でしたという謝罪会見があったんですけれども，２年間という月日の中で埼玉県の野菜の風評被害は大きく広がってしまったと．

　その時に農家さんたちが，自分たちが一生懸命作った野菜が売れなくなった，元凶はどこにあるんだと．そういう中で，ある朝私が会社に出勤して行きましたら，会社の壁に石坂産業出ていけとこういう風に書いてあったんです．会社だけじゃなくて町の中のあちこちにあったんです．

　当時，私どもの会社から半径５キロ範囲内のところには大小約 60 本の煙突が立っていたんです．その中で私たちの煙突が１番大きくて１番新しかったわけです．地元の方たちから見れば，「あんだけ大きな焼却炉をもってる会社だから，相当廃棄物を燃やすに違いない」と，そういうところでまず，公害調停とともに，この会社を潰していこうという住民運動に変わっていったんです．

　当時私は父になぜ住民に反対されるような仕事をわざわざ起業しようと思ったのかと，そんなところを父に聞きましたら，父はちょうど 52 年前に鳶，土工という仕事を始めて，とにかく東京都のオリンピックが終わって，建て替えのラッシュだったんです．その時に家屋の解体というお手伝いをして，そのごみを東京のお台場に埋め立てに運んで行っていたわけです．

　もう本当に朝５時くらいからダンプ 100 台が並んでですね，海洋投棄をしていたと，その海洋投棄をしている中には家電品から家具，それこそまだまだ使えるようなものがたくさん含まれていたと．それを見た時に父は初めて，日本はこれを続けていくのかと．いずれこういうことがすべて廃棄物が再生，リサイクルされるような時代はやってくるかもしれないと思ったそうです．そしてリサイクルできる工場を建てようと，そういうことが父の夢になりまして，今の埼玉県この三芳町というところに私ども家族と一緒に転居してきたんです．

　日本では，年間４億トンという量の産業廃棄物が戦後ずっと出続けているわけですけれども，焼却は，減少率といえばわかりやすいでしょうかね，縮減するという力が強くて，容積を 10 分の１くらいまで小さくできますから，いま

も非常に技術力としてはそれが活用されてまして，最近では焼却という言い方もあまりしなくなりまして，溶融ですとか，バイオマスと，熱エネルギーが違う形で処理されるようになっています．世界は圧倒的にごみを埋め立てしているんですが，やっぱり日本では埋める土地がないということで，まさにいま，福島原発の廃棄物の問題もそうですけれども，なかなか「自分たちの町に持ってくるな」という形になりますので廃棄物問題っていうのは非常にいまも厳しい状況が続いています．

　父が起こした会社なんですけれども，とにかく毎日運ばれてくる廃棄物の中にはですね，写真では撮れないんですけれども，知らない人はいないくらい有名な企業さんたちの食べ物ですとか，飲み物ですとか，それこそ洋服のブランド品，そういったものにハサミがちょっと入って，持ち込まれることが毎日続いていました．特にクリスマス，お正月終わると，ものすごい量の廃棄物が1日2日で持ち込まれてくるんです．いまようやく恵方巻の問題とかもニュースになっていますね，食品残さ，食品ロスの問題ですね，日本は世界でトップの量を排出しているというところで，豊かさの裏っかわに私たちは大きな環境課題を逆に作り出してしまっているという時代になっているわけです．

　私は父の想いをついで社長に就任させてもらうんですけれども，一番最初にやりたかったことは，建物を全天候型にしたかったんです．働いている人たちの保護がしたかったと，そういうところなんですけれども，なかなか建築の開発をとるのも非常に厳しくて，かなり長い月日をかけて，いま現状のこの建物に変わっているんですけれども，廃棄物の処理施設の許認可を取ろうとすると住民さんの同意が必要であったりですとか，そういうことがあって非常に厳しい状況っていうのがあります．

　実際中を見ると，たくさんの廃棄物が運ばれてきまして，いま私どもが受けてる廃棄物のほとんどが建設系の廃棄物です．わかりやすく言うと，皆さんが住んでいる住宅のリフォーム，もしくは家屋の解体をした時に運ばれてくる廃棄物を，減量化，リサイクル化，現在は98%を超えてきています．産業廃棄物処理会社が実は減量化，リサイクル化を98%以上しているということを，あまり一般の方は知らないです．どちらかというとイメージだけで，産廃処理会社は3Kだよねと，大体施設にくると汚いことしかしないよね，そういう風

写真2　プラント

に言われてしまうわけです.

　父の夢は廃棄物を100％再生すること, それともう一つ, やっぱり子供たちに会社を継いでもらいたいというのが父の夢だったんです. 私はその話を初めて聞いて社長になりたいということで継いでいくわけですけれども, 私にも2人子供が, 当時3歳, 2歳の子供がいまして, そのときにやっぱりこの子たちが大きく, 物心つくようになったときに, お母さんがやってる仕事は産廃というごみ屋さんの仕事で, 地域から必要とされない仕事をしている, なんて言われたくないなと思ったんです. そのために私たちは会社を変えていこうと, そういうことに挑戦していくわけです.

3. ISO 取得への挑戦

　工場を全天候型にして, 社員が働きやすい環境をまず作り出していくとともに, やはり社員の人たちが働く意識を変えていかなければいい会社は作っていけないなと思いました. そのために経営と教育をどう一体化するかと考えて, 国際規格 ISO というのに挑戦していくんです. いまは7種統合マネジメントということで取得しているんですけれども, 当時, かれこれ17年前のことになるんですけれども, 社員の人たちへ向けて, 国際規格 ISO, それから2000年, 政府が環境元年と言い出して, 環境基本法を制定し, 六法ができましたよ

と，容器リサイクル，家電リサイクル，自動車リサイクル，そうやってこれか
らはリサイクルの時代が到来します．大手企業さんたちはコンプライアンス，
トレーサビリティ，CSR，こういったものを次々と挑戦し始めました．私たち
の会社も変わっていかなければいけないですよね，そんな話をしたんですけれ
ども，なかなか，当時の社員さんは聞いてくれないです．私はヘルメットを投
げつけられまして，まあね，「こんな面倒くさい会社だったらやめてやる」，こ
んなことも言われる時代もあったわけです．いま，17 年間という月日を超えて，
国際規格の ISO は当時漫画でやりましたし，まあ，社員の人たちが活字を読
まなかったんですね．とにかく漫画でね ISO を伝えていこうなんてことで，
いまも一部その漫画で残しているものもあります．

　焼却もやめて，全天候型の工場を作ってから，地域の方たちの反対署名など
も減ってきたんですけれども，それでも「産廃を受け入れしているこの会社が
許せない」という人もいました．40 億円という多額の投資をして，当時私が
社長に就任したときが 25 億円の年商なんですね，そこから 40 億円というお金
をかけてこのプラントを作ったんですけれども，やっぱりもう馬鹿にされるん
です．同業の社長にも多額の投資をして，それが採算が合うのかと，そんなこ
とも言われましたし，あとやっぱり地域の方たちもあの会社は建物で工場を隠
してしまったと，きっと中でもっと悪いことをしているんじゃないかって，こ
ういう話になっていくんです．

　いっそのこと，私が初めてこの会社を見たときに感激したように，1 人でも
多くの人たちに，工場を見てもらって，廃棄物を分ける大変さを知ってもらい
たい，そう思いました．だから，工場見学で中を見せようとしたんです．2 億
円をかけてですね，見学ができるように通路を整備した．当時，それでも働い
ている社員さんたちは 2 億円をかけて工場見学通路を作っても誰も見に来ない，
そもそも廃棄物に興味がない，余計なお金をかけて無駄遣いをしている．まあ，
そんなことも言われました．いま見学通路ができて 7 年が経ちまして，昨年は
4 万人の方たちが全国から見学に来てくれるようになったんです（写真 3）．や
っぱり，一人一人が口コミで広げて下さって，見て下さることによって，一番
変わったのは社員の人たちの意識と働き方でした．私はこれを「見せる経営」
と，当時トヨタさんたちが「見える化」と名付けて活動していたんですけれど

写真 3　工場見学

　も，見せていこうと．そういうことで，工場を大きく公開することにしたんです．

　ISO を取得すると，地域環境のために何をしているかということが求められまして，たまたま会社の周辺を見回してみましたら，たくさんの雑木林があったわけですね．その雑木林はもう人が入っていけないようなこういうような荒れた状況になっていたわけですね．足を入れることができない環境です．奥のほうには不法投棄されている廃棄物が溜まる，こんな様子があったんです．最初のうちは，17 年前にですけれども，社員の人たちと一緒にですね，とにかく片付けようと．そういうことでこの 17 年間ボランティア活動をしながら廃棄物を集めてきていまして，不法投棄されたごみをスカイツリーの高さまで集めて参りました．そのような活動をしてもですね，別に地域の方は，そのことを知っているわけではないわけです．勝手に私たちが自主的にやっていることなんですけれども，一生懸命掃除をしてもまた不法投棄をするということが繰り返されていたわけですね．根本的に解決するためにはどうしたらいいんだろう，いろいろ考えたわけです．で，思い切って雑木林そのものを借り受けようと，そういう風に決めたのがちょうど 10 年くらい前の話なんですね．

　で，里山をその管理していく中で，ここのそもそも雑木林はなぜ作られたんだろう，地域の歴史と文化というものを初めて振り返って調べることにしました．ちょうど 320 年近く昔です．江戸時代の川越藩主柳沢吉保さん，五代将軍

写真4　不法投棄の森が雑木林に

　の側用人ですね，柳沢吉保さんという方が東京から川越まで開墾しようと．そして田畑を作るためにススキや茅の大地をどんどんどんどんこう，開拓していって，畑を作るんです．

　けれども，私たちのこの三富，いまはもう狭山市とか所沢市とかこう入り組んでしまっているんですが，当時は三富と言われた地域なんですが，そこは川がなく，井戸を掘っても水が出ない．水がなかったんです．当然水がないと作物，育ちませんから，昔の人はどうしていたかというと，一生懸命雑木林を作ったわけです．人の手によって作られた雑木林だったんです．で，たくさんの樹木を植えることによって，地下水脈を引き上げたんです．20mくらいまで掘らないと出てこなかった水がですよ，たくさんの木を植えることによって13mくらいまででいまでは井戸水が出るようになっています．

　昔の人たちはそうして自然と共生しながら，地域を育ててきた，そういった環境だったっていうことを改めて知りました．その森の木々は，落葉樹になっていました．ここにも大きなヒントがありまして，落葉をですね，全部堆肥にしていったんです．その堆肥を田畑に使う循環農法がされていた場所だった．いまは地域の農家さんたちもあの東京一番近郊の里山だったので，ほとんどの方たちが都心に勤めに行ってしまうんです．農業は儲からないと，農業離れが加速してきまして，要は畑が作られない状況が続きました．そして何よりも農

業に使うのが化学燃料，化学堆肥という時代になって，里山は放置林になって
しまった．

　ところが，地権者の方たちは代々続くその里山を残したいと思っている．と
ころが人力もないし，お金もないと．もしボランティアでお宅がやってくれる
ならば任せたいと，そんな声もいただいてですね，いま東京ドーム4個ぐらい
を管理するようになりました．昔のように農業の森のまま守ることができない
んです，企業ですから．どうしたらいいんだろうって考えました．

4.　生物多様性（JHEP）の認証

　そのときに世界の環境問題は大きく3つあると，その1つが地球温暖化だ．
それによって影響してきているのが生物多様性という問題があって，じゃあ，
その生物多様性ということが，どんなことがあるんだろう，私たち，武蔵野の
大地について調べましたら，50年前咲いていた草花はもう咲いていないと，
絶滅危惧種になっていたんですね．その絶滅危惧種というものを復元する活動
をやってみようということで挑戦しました．5年間，エントリーをしてからで
すね，日本生態系協会の生物多様性（JHEP）という評価制度を受けたんです
けれども，AAAという10ランク評価中の最高ランク評価をいただいたんで
すね．たまたまそのとき取得していたのが六本木ビルの森ビルさんと産廃処理
会社の石坂産業だけだったということで，学識の高い人たちから注目されるよ
うになったんです．

　いまその里山は，管理をするようになって，数倍〜数十倍，レッドブックに
載ってくるような草花が復元できている，そういった環境に変わってきたわけ
です．もうまさしく子供たちがですね，本で学ぶのではなくて，リアルに現場
に来て学べる環境になったということです．

　この里山を守り，活かすためにはどうしたらいいんだろうと考えて，毎年毎
年社員と地域の方たちをお誘いしてですね，この落ち葉を集めて堆肥にするん
です．たくさんの農業に役立つ微生物がたくさん入ったものを，畑に使って私
たちは農業を始めました．いわゆるオーガニック農業です．グローバルGAP
ですとか，JAS認定を取っていくんですが，日本の農業はまだまだオーガニ

写真5　JHEP 認証書

ックで作っているところは非常に少ないです．やっぱりいま，自然農耕ですとか，そういった取り組みもなかなかこう高く評価をしていただける地域環境だったり，消費者環境というのがないものですから，なかなか理解してもらえないっていう背景があるようなんですけれども．

　世界は大きく変わってきてまして，ヨーロッパなどから今度来るオリンピックの選手たちは，オーガニック野菜が食べられないんであれば，日本はその野菜を輸入してほしいと，こんなことも要求されているわけですね．まあ，エシカルだったり，そのオーガニックというそういった野菜をですね，ちゃんと手に取れるような環境を日本ももっとちゃんと整備してほしいと，たぶん政府は世界から言われていると思うんです．

5. 地域とともに環境を育む

　私たちはその環境を，どうやったら生かせるかなと，そう思いまして，工場は全体の2割しかないんです．あとほとんどが緑地なわけです．緑地を管理していても，私たちには収益はないわけです．すべて，本体の利益からそれをボランティアで活動するしかないわけです．これでは持続的な環境づくりもできませんし，やっぱりNPOさんやNGOさんが寄付金で活動するようなやり方では長続きしないなと思ったんです．

　思い切って何をするか，いろいろ考えて，一番この里山を生かせる方法は何かって，そのときにCOP10京都議定書が開かれて，国連が持続可能な社会をつくろうと，こんな風に言い出したときに，私たちはその持続可能な教育，環境教育というフィールドにここを使えるんじゃないか，っていうことで，挑戦

していくんです．そのフィールドを使って，子供たちに自然体験してもらうようになったんですけれども，子供たちだけじゃなくて，実は大人も全く環境のことを知らない人たちがいっぱいいるんだなってわかりました．なのでいまは，大人の体験，大人の環境教育 ESD なんていうことをプログラム化して，一般の中でも公開しているようにしています．

　食べるところから野菜を意識してもらったり，いろいろ何か物をつくりながらですね，体験してもらうというところで，環境について少し興味をもってもらう，きっかけづくりっていうところを私たちの活動でしています．こんなところで年間3万人近い方たちが来てくれる環境になったわけです．

　ほんとうに世界は地球温暖化，生物多様性の問題に加えて，廃棄物処理問題ということがすごく大きな課題になっています．たぶん先生方もご存じだと思いますけれども，アジア圏を中心にいまだ多くの国で全くといっていいほどごみの処理が行われていないです．多くのごみが埋め立て，そのまま土の中に埋めているという環境が続いています．アメリカでも，国土の3分の1くらいまで埋め立てしていまして，結局それは土壌の地下水汚染とかにこう変わっていくわけです．そういった飲み水を利用した人たちが皮膚病になってしまったりとか，そういう状況が起きているわけです．いまは世界はその海洋問題から発して，プラスチックをやめていこうという活動がすごく広まっています．ポリ袋を配らないとか，つくらないとか，そういう動きになっているわけですけれども，まだまだ日本は，いまは議論はされていますけれども，具体的な政策の発表はされていない状況です．

　私たちの会社には30ヵ国を超えてさまざまな国や地域からですね，団体さんや見学に来て下さる方たちが増えました．私たちの活動を見てもらい，さらにAI活動だったり，環境に配慮したそういった工場・プラントがつくれると思っています．

　この廃棄物をただの廃棄物としないで，エネルギーと捉えてですね，これをやはり地方創生へと私はならないかと考えているんです．廃棄物はいずれ，エネルギー源になると思っているんです．地表からね，採掘していくというこの時代は，もう採掘できる年数がかぎられているわけです．採掘年数でそれで戦争になったり，トラブルにするようなことが，いまレアアースの問題とかもあ

写真6　石坂ファーム

りますけれども，やっぱりその，枯渇していく，枯渇性の資源を使っていくというところから，作り方を変えていかなくてはいけないタイミングになっているのかなと思うんです．

　ちょうどSDGsでも作る責任，使う責任，そういうことも17項目の中の12項に書かれているように，単に処理をすることをいうのではなくて，作る段階から，どういうものを持続的に作っていくのか，向こう20年30年それがどのように処理されていくのか，こんなことも考えながら，物が作られていく，そういう時代にならなくちゃいけないかなという風に私は思っています．

　さまざまな環境教育活動をしている国の方たちと連携しながら，いま，世界の動きが環境教育というテーマでどのような動きをしているかということの情報共有をするようにしておりますし，また，私たちの仕事は，物づくりの製造業と連携を組みながら，新しい時代の幕開けをしていかなければいけないんじゃないかなという風にも思っています．

　お時間ももうそろそろなんですけれども，最後にですね，私どもの会社のスタッフが働いている姿をぜひ，皆さんに見ていただきたいということで，DVDをお持ちしていますので，2，3分ですけれども，お付き合いいただいて，私の話は終わりにしたいと思います．この辺のポイントをもっと深くお伝えしたいかなと思いますので，もし興味のある方がいたらですね，会社のほうに見学に来ていただければという風に思っております．ありがとうございます．

〜動画〜

【付記】本章は 2019 年 6 月 1 日(土)に城西大学で開催された日本経済政策学会第 76 回全国大会で行った講演を文字起こししたものである.

（文責：設樂珠生）

第5章
これからの都市経営
──大阪，東京での経験を手掛かりに──

上山 信一

1. はじめに

　私は，都市経営という視点でお話をします．最近，日本では地方創生とか一極集中の打破という言葉がよく出てきます．しかし，世界を見渡しますと，新しい動きを都市単位で考えているように思えます．国連の統計などでも，2030年には世界の6割の人口は都市に住むだろうと言われています．実際にGDPも都市からの産出が多い．国家という単位でのデータや国家戦略も重要ですが，現実に物事を変えていく時には都市という単位がこれからは大事になってきます．

　私はたまたま，大阪府，大阪市，東京都，新潟市，福岡市など各地の自治体の経営改革，あるいは都市再生に携わってきました．今日はその経験から考える都市経営論をお話しします．

2. 大都市・大阪の課題

　この10年くらい府と市の特別顧問としてかかわってきた大阪の改革の例を最初にお話ししたいと思います．2010年頃から大阪市と大阪府を統合する都構想や大阪維新とか橋下徹さんがニュースで話題になりました．しかし，今日は都市経営という視点から，大阪の都市のあり方をお話していきます．

　大阪について私が書いた本が 2 冊あります.『行政の経済分析——大阪市の挑戦』(時事通信社, 2008 年) は橋下改革の前に, 大阪市の地下鉄とかいろいろな事業を企業の経営分析手法を使って分析したものです. 当時は, 大体どういうサービスについても人員もコストも 3 割くらい過剰という役所でした. それが橋下改革から 10 年超が経って, 今はかなりスリムで効率的な経営になっています. 具体的には『検証 大阪維新改革——橋下改革の軌跡』(ぎょうせい, 2015 年) にありますが, これは橋下改革の検証で, 2015 年住民投票の前の頃に出したものです.

　この 10 年でかなり大きな改革が進みましたが, その前に大阪の街の状況をお話しします. 衰退都市という言い方がありますが, 世界にはデトロイトとか, リバプールとか右肩下がりになって, 悪循環にハマってしまう都市があり, 大阪もその一例でした.

　もともと大阪は, 人口も 300 万人超もいて, 日本第 2 の都市として繁栄していた. しかし, 1970 年代から産業構造の転換に失敗したのです. 東京は IT とかエレクトロニクスで伸びました. しかし大阪は伝統的な繊維とか, 重化学工業に依存したままジリ貧状態に陥ったのです. 一人当たり県民所得の推移も, 1990 年は東京に次ぐ高さだった. それが 2014 年まで右肩下がりに下がり続けたのです. こういう地域は全国の中でも珍しい. なにせ全国平均の下まで落ちた. 問題は昔高かったのが急に下まで落ちたことです. 変化に適応できない人々があふれ, いろいろな社会問題が起きる. 失業が当然増えますし, 賃金が伸びないので生活保護に頼ったり, あるいは離婚や, 病気や犯罪も増える. 所得が幸せを呼ぶわけではないが, 所得が下がると不幸が生まれやすいのは間違いない. 社会全体でいろいろな形で後ろ向きの悪循環がずっと続いていた. 特に問題なのが, 若年層を企業が雇わなくなったこと. 18 〜 24 歳の失業率が重要なデータなのですが, 大阪は若者に失業のしわ寄せが来て, 若い頃にトレーニングを受けられなかった. するとその後もいい職業や, 成長しているところに入れない, などの問題がありました.

　女性雇用もよくない. これはもともと全国にばらつきがかなりある. 日本海側が非常によくて, 大阪は進まない. 大阪では若いシングルマザーが, 子供を抱えて就職できずに生活保護に入る. いわゆる貧困の再生産の傾向が典型的に

見られる．こういう土地になっていった．

　財政状況も悪い．全国の社会経済データのワーストランキングの表をみると，犯罪者数，雇用，平均寿命などあらゆるデータで大阪は悪くなった．大都市ですから，もともとは豊かなのです．全国ワーストランキングなどには全然入らない．むしろトップ 3 とか 4 とかですね，昭和 40 年代にはかなり高かった．それが軒並みワースト上位にまで落ちた．

　大阪府の税収も，1980 年代に比べて落ちた．他府県に比べて財政困窮度も，いっそう激しい．これが 1990 年代から 2000 年代前半にかけてのいわゆる大阪問題なのです．産業構造の変換の遅れが一番大きいのですけれども，大企業が本社を東京に移したり，工場を滋賀県に移したりする．それで財政収入が減り，その結果，インフラ投資などが遅れ，また企業がいなくなる．給料が上がらないので住民の生活水準も下がり，生活保護を受ける人が増え，それで税収が減り，生産性も悪くなる．この悪循環が続いていたのが 2005 年くらいまでです．

3.　大阪の課題と大阪都構想

　そこから必死の努力が始まって最近はほとんどの大阪の方が底入れをしたという実感を持っている．それでは何をやったのかを次に見ていきたいと思います．

　都市が衰退すると信用をなくす，そうすると企業が流出していく，あるいは外から投資が入ってこない．そんな中では絶対に都市を再生するのだという決意に基づく再生プランを出して，それに向けたプロジェクトを進めないと信用されない．これは企業のリストラと同じです．大阪の場合は本格的なリストラが始まったのが 2008 年．橋下さんが大阪府知事になる頃からですが，その前から実はいろいろな不祥事が出てきていました．

　一つは，不良債権です．バブルの頃に建てた WTC やりんくうゲートタワーなど．大阪府の不良債権は 600 億円ほどあり，大阪市も不良債権だらけだった．関西空港も不良債権化していた．これらが三大不良債権とされていました．

　もう一つは労働組合です．労働組合は必要なものですが，市役所とあまりにも癒着をしていた．労働組合と相談しないと何もできない大阪市役所になって

しまっていた．それから同和問題はあってはならないことだし，今でもなくなっていません．しかし，その同和問題を材料に不当にお金を役所から引き出す人たちがいた．これはえせ同和といいます．こういうものが横行するとビジネスでも信用されない．

　大阪府市ではこの3つの問題の処理を2009年頃から順番に全部やったのです．バスの運転手などの賃金などは，4割カットを打ち出して最終的には2割カットまでいきました．根拠は民間バスと同じ水準だと4割カットということでした．

　えせ同和問題も逮捕者が出ましたけれども，スッキリ整理をした．不良債権の処理も最終的には関西空港は伊丹空港を民営化して，それと経営統合をした．これは前原大臣の民主党政権，そのあとの安倍政権にも協力していただいて解決した．

　他の都道府県を見てますと，過去のバブル期の不良債権の処理がまだ終わっていない．赤字が表に出ると財政負担が大きいので，黙ってそのまま金利を払って，処理せずに終わっている例があります．しかし，大阪の場合，全部膿を出した．

　そして次は財政再建プロジェクトでキャッシュを生み出し，遅れていたインフラ投資に回した．関西空港のアクセスのためのなにわ筋線（鉄道）の建設，モノレールの延伸，地下鉄や高速道路の延伸など止まっていた投資プロジェクトを動かした．これには役所が持っていなくてもいい収益事業や資産を売ったお金もあてて投資した．予算も傾斜配分した．かつては老人福祉や町内会などに分厚くお金がついていたのを，若年層とか教育にお金を回した．

　これだけ大きなリストラをやると反発も出てきます．しかし地域政党の大阪維新の会を作り，それが国政に議席も持つ形にして，資産処理とか国の協力が必要なものについては，政治力を駆使した．

　あと，大阪都構想ですけれども，これまでは大阪府と大阪市が方向性が合わないなかで，なけなしのお金をそれぞれ市内あるいは市の外のプロジェクトにバラバラに使っていた．そのお金をまとめて一本化して，集中投資する．これはこの10年でかなり進んだけれども，それを持続させるために大阪市を解体して統合する．こういう都構想が進行中であります．

　こんなことでいろいろなことが動いたのですが，大阪の場合，生命線はやっぱりインフラです．ご承知の通り大阪は京都という都の川下の港町というところから街がスタートした．港湾都市です．江戸時代は水運が中心ですので，日本海側から米が入ってきて，北前船で物資の集散地として栄えた．しかし，時代が変わると国土軸がもっと北を走る．九州中国から中部関東に向けての国土軸が大阪より北を走った．まず鉄道は大阪市内の北の端の大阪駅に来てしまった．大阪の中心部はそのずっと南の部分にありますから，放っておくと国土軸の外の忘れられた街になってしまう．それで昔の人は必死になって，南北の筋の道路を拡張した．

　空港の時代になりますと，大阪空港だけでは足りないので，関空を作った．そうなると，市内とのアクセスが重要になってきます．いわば国際的な国土軸が関空に入ってきた．一方，国内の国土軸は伊丹空港，名神高速道路など新幹線の新大阪よりももっと北のほうにどんどん移っていく．それでますます南北のインフラが非常に重要になります．しかしこれが大阪府と大阪市で意見が合わない．大阪府は南北軸を必死に伸ばすのに熱心です．けれども，大阪市はあまり興味がない．こういう状態でずっとインフラが遅れていた．しかし同じ維新の会という地域政党が府と市をともに仕切るようになり，足並みが揃ってこの 10 年はやっと投資案件が動き出したのです．

　さっきお話ししたインフラの原資をどこから持ってくるかということですが，泉北高速鉄道の株の売却，これが 400 億円ほど，大阪空港ターミナルビルこれも黒字だったんですが，55 億円．これらを使って南北軸のモノレールや地下鉄の延伸にお金を振り分けた．これは一見普通のことに見えるのですが，黒字の第三セクターをキャッシュに変えて投資に変えた例は全国で初めてです．赤字の三セクの廃止はよくあるんですが，黒字だからそれをキャッシュに変える．行政がやらない民間に任せていこうというのは実はあまりない．議会などでも赤字の事業の再生はいいのですが，黒字のものはとっておいたほうが得だと，普通は放置される．大阪の場合は，差し迫ったインフラ投資の原資にむしろ振り向けよう，民間にできることは民間に任せようとなって売却できました．

　二重行政とよくいわれる．府と市がなんでそんなに揉めるのか？　ということですが，役所のサイズがほぼ均衡しています．特別会計も入れますと，職員

も予算もほぼ同じくらいのサイズになっている．同じような事業を大阪市内と
大阪市の外でやる．典型が水道事業です．浄水場は施設の能力が300万㎥まで
ある．しかし実際必要なのは3分の2ぐらいです．ならば府も市も区別なく単
位当たりの生産コストの安い浄水場の水から優先的に使っていけばいい．しか
し府と市がお互いにゆずらず調整できなかった．大学もそうで，大阪府立大学
と市立大学がほぼサイズが同じでした．それを両方統合しつつある．

　もう一つ重要なのが，民営化です．かつては役所が持たなくてもいいような
事業がいっぱいあった．徹底的に整理して，地下鉄とバスは株式会社になった．
水道，下水はコンセッション等で効率化する計画です．幼稚園保育園は部分的
に民間化し，病院は独立行政法人とし，日本の自治体の中では一番，役所が直
接やっている比率が少ない．

　こういうことをやっているのですが，やってもやっても作業が終わらない．
日本の自治体はあまりにも多くの直営事業を抱え込みすぎています．

　住民一人当たりの自治体の資産は，海外主要都市に比べて東京も大阪も2倍
以上です．役所が直営で，都市のインフラをたくさん担っている．それを民間
に任せると，地方の行政サービスのコストは下がる．国全体の行政コストの7
割が地方で発生しているわけですから，大都市の行政改革は国全体のことを考
えても非常に大きい．眠っている資産を，民間の力を借りると生かせる．コス
トダウンにもなる．

　こういうことをやった結果，大阪府の景気動向は全国平均とほぼ同じ動きを
していたのが，アウトパフォームし始めている．地価の上昇も，2013年くら
いからマーケットが反応して，つまり，改革を始めてほぼ5年くらいで，いい
場所が高く売れ始めた．新規開業も増えています．三大都市の開業率も大阪が
アウトパフォームをしている．

　従来から悩みの種だった人口とか高齢化も，周りの都市から人口が流入する
形になっています．大阪市が流入率日本1位です．人口では都市間競争が起き
ていて，神戸市，堺市，京都市が減っている．このように10年も改革をやっ
ていれば，都市の経営は実際に手応えが出てくると感じます．

4. おわりに

　都市のビジネスモデルというのはなかなか難しい話です．東京，ロンドン，ニューヨーク，パリは別格で，世界から人が集まり，世界でも数箇所しかないような機能が集まる．それに次ぐ都市が，大阪，シカゴ，リオネジャネイロ，ロサンゼルスなど．ここら辺も，ランキングは20位だったり入らなかったりというところ．ここら辺についてはやっぱり経営の良し悪しでパフォーマンスが違ってくるのではないのかと思います．

　そんななかで，かつては貧すれば鈍するという状態で，落ちるところまで落ちた大阪が，ようやく再生し始めている．これは行政改革をはるかに超えたある種の地域全体の運動論です．大阪維新は政治運動の名前ですが同時に大阪の街自体を再生する一連の地域運動でもありました．そこにさらに2025年の万博という具体的な目標も出てきている．それがさらに投資を加速して悪循環から脱却できつつある．そういう意味で，都市経営というものは，やはりやる価値がある．これがこの10年の大阪の経験です．

特集2
経済政策展望：
財政政策

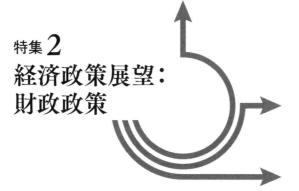

第6章
リーマン・ショック以降のマクロ経済と財政政策

小峰 隆夫

リーマン・ショック以降のマクロ経済と財政政策について，以下では，「2008年のリーマン・ショックの発生から2009年8月までの時期」「2009年9月から2012年11月までの民主党政権の時代」「2012年12月以降の安倍政権の時代」の3つに分けて論じてみたい．なお，本章は，私の近著である『平成の経済』（日本経済新聞出版社，2019年4月）に基づいて記述した部分がある．

1. リーマン・ショックの発生と麻生政権下の財政政策運営

2008年秋，アメリカで発生したリーマン・ショックによって日本経済は未曾有ともいうべき大打撃を受けた．リーマン・ショックに至る経緯とそれが日本経済に及ぼした影響を振り返ってみよう．

1.1 リーマン・ショックの発生
サブプライム・ローン問題

リーマン・ショックのような大混乱はなぜ生じたのか．これは，サブプライム・ローン問題と破綻したリーマン・ブラザーズの処理という2つの問題に分けて考えるべきだろう．

サブプライム・ローンというのは，信用力の低い者に対するローンでその分金利は高い．アメリカではこのサブプライム・ローンが1990年代後半から急増したのだが，その背景は2つあった．1つが，住宅価格の上昇と長期金利の

低下が続いたことであり，もう 1 つが，ローンの証券化の進展である．簡単化して説明すると次のようになる．

　サブプライム・ローンで融資を受けた家計は，数年すると住宅価格が上昇し，金利は低下しているので，より有利な条件で借り換えが可能になり，債務者は非常に少ない負担でローンを維持できる．維持できるどころか，借り換えで返済した後，自由に使えるキャッシュフローが手元に残ることさえあったようだ．一方，住宅ローンを貸し付けた機関は，その債権を政府系住宅金融機関に売却してしまう．売却されたローン債権は，他のローンと組み合わされ，不動産担保証券として投資家に売却される．この証券はリスクが分散されているので，高い格付けを付与される．こうして低リスク・高利回りの金融商品が生み出されたのである．

　しかし，こうした参加者全員が好都合というハッピーな状態は，長期金利の低下と住宅価格の上昇という条件が揃っていたからこそ生まれたものだった．2006 年頃から住宅価格の上昇率が鈍化または下落し始めると，サブプライム・ローンのデフォルトが増加し，住宅金融貸付機関の経営も悪化していった．サブプライム・ローンを組み込んだ証券化商品の価格は急落し，これらを大量に保有していたヘッジファンド，商業銀行，投資銀行，保険会社は巨額の損失を抱えることとなった．

リーマン・ショックの発生

　さて，ここまでであれば世界経済への打撃は限られたものだっただろう．世界経済，日本経済に大打撃を与えたのは 2008 年 9 月に発生した「リーマン・ショック」だった．

　経営危機に陥っていたアメリカの投資銀行リーマン・ブラザーズが破産法の申請をして破たんし，このため金融機関同士が相互不信に陥り，世界中でドル資金が枯渇するという異常事態となった．これがリーマン・ショックである．この金融危機は世界的に波及し，ヨーロッパでも短期金融市場の資金が枯渇し，新興国についても株価や通貨の下落が生じた．

　リーマン・ブラザーズという一投資銀行の破綻がこれほど大きな国際金融危機を招いたのはなぜか．これには伏線があった．リーマン・ブラザーズが破綻

する前にも 2008 年 3 月には大手投資銀行のベア・スターンズが経営危機に陥った．この時は，ニューヨーク連銀が融資して不良債権の受け皿会社を設立したうえで JP モルガンが吸収合併した．事実上の公的資金による救済である．多くの人はこれをみて，大手金融機関は「大きすぎてつぶせない（too big to fail）」存在なのだと考えた．したがってリーマン・ブラザーズについても，何らかの救済があるだろうと考えていた．ところが今度は公的資金の投入はなく，破たんしてしまった．多くの人は期待を裏切られたことで大きなショックを受け，これが金融不安につながっていったのだと考えられる．

1.2　リーマン・ショックが日本のマクロ経済に及ぼした影響

リーマン・ショック後のマクロ経済の姿

　リーマン・ショックが発生してからしばらくの間は，それが日本経済に及ぼす影響はそれほど大きくないと考えられていた．日本の金融機関はサブプライム・ローンなどを組み込んだ金融商品の扱いには消極的だったから，欧米の金融機関に比べて圧倒的に影響は小さかった．金融面での影響は小さいという診断は正しかった．しかし，実体経済は大きく落ち込むことになる．

　マクロ経済に現れた落ち込みは想像を絶するものだった．主なデータを挙げておこう．まず，リーマン・ショック直後の 2008 年 10-12 月期の実質 GDP（実質年率，以下同じ）は，マイナス 9.4%，2009 年 1-3 月期はさらに落ち込んでマイナス 17.8% となった．年度平均では，2008 年度マイナス 3.4%，2009 年度マイナス 2.2% と 2 年連続のマイナス成長となった．雇用情勢も悪化した．2008 年 9 月には 0.83 倍だった有効求人倍率は，2009 年 8 月には 0.42 倍に低下，同じ期間に失業率は 4.0% から 5.4% に上昇している．

なぜマクロ経済の落ち込みは大きかったのか

　そもそも危機の当事国であったアメリカよりも，日本の方が大きな影響を受けたのはなぜだったのか．その理由としては次のようなことが考えられる．

　第 1 は，日本のマクロ経済は輸出に依存している度合いが大きく，その輸出が大きく落ち込んだことである．リーマン・ショック後の日本の輸出の落ち込みは信じられないほどであった．GDP ベースの輸出（実質，前期比年率）は，

2008 年 10-12 月がマイナス 42.0%, 2009 年 1-3 月がマイナス 69.3% というみたこともないような減少であった．筆者などは，このままだと日本の輸出が消えてなくなるのではないかと心配したほどであった．

　第 2 は，設備投資のストック調整である．設備投資（実質，前期比年率）もまた，2008 年 10-12 月期マイナス 14.3%, 2009 年 1-3 月マイナス 22% という落ち込みを示した．輸出を中心に一気に需要が落ち込んだため，企業の設備ストックが突然過剰となり，フローの設備投資が一気に落ち込んだのである．これは「設備投資の加速度原理」と呼ばれるメカニズムが作用したものと考えられる．すなわち，企業の生産のレベルが設備ストックによって決まると考えると，生産の変動（速度）に比例して動くのは設備ストックなのであり，フローの設備投資は生産の加速度に比例することになる．リーマン・ショック後の日本企業の生産は加速度的に減少していったから，その加速度に比例する設備投資は，生産以上に大きく減少したのである．

　第 3 は，在庫調整である．リーマン・ショックでアメリカの需要が減少し，それが貿易を通じて累積的に各国に波及していったわけだが，その姿は当初はほとんど予測困難であった．実際の落ち込みは，個々の企業が考えていたよりもずっと大きかったものと考えられる．すると，生産の調整が需要の減少に追いつかず，結果的に在庫が大幅に積みあがってしまう．すると，在庫を圧縮するために，需要の減少以上に生産を減らす必要が出てくる．これが生産の急激な減少を招いたのだと思われる．

1.3　リーマン・ショック後の財政政策運営
相次いでとられた緊急対策

　こうした経済の落ち込みに対して，政府，日本銀行は，次々に政策対応をとった．ここではそのうちの財政政策に関係する部分について述べる．

　リーマン・ショックが起きたのは，2008 年 9 月 15 日だったが，その直後の 2008 年 9 月 24 日に麻生内閣が誕生した．麻生内閣は，この経済危機に「全治 3 年」という診断を下し，10 月 30 日には，「生活対策」がとりまとめられた．ここでは，「生活者の暮らしの安心」，「金融・経済の安定強化」，「地方の底力の発揮」を 3 本柱に，定額給付金による家計支援，中小企業向けの緊急保証枠

と政府系金融機関の貸付枠の拡大などが主な内容であった.

　次いで2008年12月には,「生活防衛のための緊急対策」が策定された. ここでは, 雇用調整助成金制度の拡充などの雇用対策, 政策金融における「危機対応業務」発動・拡充などの金融市場・資金繰り対策が打ち出されたほか, 住宅ローン減税なども盛り込まれた.

　さらに, 2009年4月には「経済危機対策」が策定された. この対策では, 雇用対策や金融対策がさらに拡充されたのと同時に, 中長期的な成長力強化のために, 環境対応車購入への補助などを実施する「低炭素革命」, 地域医療強化への取り組みなど「健康長寿・子育て」分野の施策等が重点的に打ち出された.

　こうした累次の経済対策は, 急速に景気が悪化するなかでとりまとめられたこともあり, その規模を順次拡大することとなった. 全体の事業規模についてみると,「生活対策」が26.9兆円,「生活防衛のための緊急対策」が37兆円（ただし, うち6兆円は生活対策と重複）,「経済危機対策」が56.8兆円となっている. これを国費についてみると,「生活対策」では5兆円,「生活防衛のための緊急対策」では4兆円,「経済危機対策」では15.4兆円という規模になっている. 特に, 2009年4月には経済危機対策実施のため, 歳出規模14.9兆円という過去最大の補正予算が編成された. この補正予算は, 5月に成立するのだが, その後政権交代で成立した鳩山民主党内閣のもとで修正されることになる.

悪化した財政収支と財政再建路線の変化

　こうしたリーマン・ショック後の経済情勢の変化と財政運営によって財政赤字は大幅に増えた. リーマン・ショック直前の2007年度からリーマン・ショック後の2009年度にかけての国の一般会計の姿をみよう（決算ベース）. 度重なる経済対策の実施によって, 歳出規模は, 2007年度の81.8兆円から, 2008年度84.7兆円, 2009年度101.0兆円と増えていった. 一方, 歳入の方は, 経済情勢の悪化で税収が落ち込んだため, 2007年度の51.0兆円から, 2008年度44.3兆円, 2009年度38.7兆円へと大きく落ち込んだ. 2007年度と2009年度を比較すると, 歳出が23.5%も増え, 歳入が24.1%も減っている.

　その結果当然ながら財政赤字は，2007 年度の 30.8 兆円から，2008 年度 40.4
兆円，2009 年度 62.3 兆円へと急増することとなった．

　麻生内閣は総じていえば，経済の落ち込みを回避することを優先して財政運
営を行った．その過程で財政再建方針も変更された．財政再建については，小
泉内閣のもとで 2006 年 7 月に「経済政策運営と構造改革に関する基本方針
2006」（いわゆる「骨太方針」）において，① 2011 年度には国・地方の基礎的
財政収支を黒字化する，②基礎的財政収支の黒字化を達成した後も，債務残高
の GDP 比の発散を止め，安定的に引き下げることを確保するという目標を設
定していた．麻生内閣は，2009 年 6 月「経済財政改革の基本方針 2009 ～安
心・活力・責任～」を閣議決定した．この中で，財政の持続可能性を確保する
ため，国・地方の債務残高対 GDP 比を財政健全化目標の基本として位置付け，
これを 2010 年代半ばにかけて少なくとも安定化させ，2020 年代初めには安定
的に引き下げることが決まった．財政再建目標は先送りされ，その目標もやや
曖昧なものとなっていることがわかる．

社会保障関係費の削減で行き詰まった財政改革路線

　この間の財政をめぐる議論の中で，その後の財政運営に対して示唆的なこと
は，小泉改革のもとでの歳出カットを中心とする財政再建方針が社会保障費の
削減問題をきっかけに挫折したことだ．その経緯を振り返っておこう．

　小泉内閣は，2006 年の骨太方針の中で，2011 年度までに基礎的財政収支
（プライマリ・バランス）を黒字化するという目標を掲げた．そして，この目
標を達成するためには，今後どの程度の金額を調整する必要があるかを具体的
に示した．すなわち，名目経済成長率 3% 程度の前提に基づいて今後を展望す
ると，2011 年度にプライマリ・バランスを黒字化するために必要となる要調
整額（歳出削減または歳入増が必要な額）は，16.5 兆円程度になるという試算
結果を示している．そして，「歳出削減を行ってなお，要対応額を満たさない
部分については，歳入改革による増収措置で対応する」こととした．増収措置
というのは，増税のことであり，それは消費税率の引き上げを指すと考えるの
が自然である．

　さらに，この歳出削減目標を分野別に設定した．すなわち，社会保障，人件

費，公共投資，その他に分けて，2011 年度の「自然体」で推移した場合の金額と「改革後の金額」を示したのである．「自然体」と「改革後」の差が，政策努力による歳出削減額に相当することになる．

　分野別の数字を合計すると，2011 年度の全体の歳出額は 182.2 兆円，改革後は 113.9 〜 116.8 兆円，歳出削減額の合計は 14.3 〜 11.4 兆円となる．全体としての要対応額は 16.5 兆円だったから，要対応額の約 7 割から 9 割は歳出削減で対応し，残りの 1 〜 3 割を増税で賄う計算となる．

　しかし，麻生内閣のもとでこの計画は破たんしてしまった．そのきっかけは社会保障費の削減であった．前述の分野別の削減額のうち，社会保障費については，国地方合わせて 1.6 兆円（うち国は 1.1 兆円）の削減という目標が決められていた．この目標に沿って，毎年度 2,200 億円（1 兆 1 千億円 ÷ 5 ＝ 2 千 2 百億円）という削減目標となった．この機械的な削減は，いかにも机上の計算に沿って，社会保障を削っていくという印象を与え，強い反感を呼ぶことになった．その結果，麻生内閣時代の 2009 年骨太以降は，削減目標自体が撤回されることとなったのである．

　なお，この社会保障費の機械的削減については，当時「毎年，社会保障費を機械的に削減するという血も涙もない政策」という批判が出たのだが，この 2,200 億円の削減というのは「何に比べての削減か」という点で誤解を招くことが多かった．当時，野党からは社会保障費が絶対額で毎年 2,200 億円削られていくかのような批判があった．しかしこれは，前年度に比べて削減するということではなく，「何もしない場合の増加額（いわゆる高齢化などに伴う自然増）」を 2,200 億円削るということであり，事後的な社会保障関係費は増えるのである．

　この経験は，歳出削減で財政を再建しようとする時に，その削減の対象が社会保障費に及ぶと急に実現のハードルが上がってしまうということを示しているように思われる．

2.　民主党政権下のマクロ経済と財政政策運営

　次に，2009 年 9 月から 2012 年 12 月にかけての民主党政権下のマクロ経済

と財政政策運営についてみよう.

2.1　民主党政権下のマクロ経済状況

マクロ経済パフォーマンスの特徴

　民主党政権下のマクロ経済パフォーマンスを振り返ってみよう.

　まず,マクロの景気としては,リーマン・ショック直後の落ち込みからは急速に回復した.2009年9月が景気の谷となっており,その後の景気上昇は,2012年4月まで続いている.その後,2012年4月が景気の山となっており,景気後退期に入る.この景気後退は短く,2012年11月が谷となっている.つまり,民主党政権下の大部分は景気上昇期に位置していた.にもかかわらず,多くの人はマクロ経済のパフォーマンスは良くないと感じていた.それには次のような背景があった.

　第1は,雇用情勢の悪化が続いたことである.それまで4%程度だった失業率は,2009年度には5.1%に上昇した(2010年度も同じ).これは歴史的にみてもかなり高い水準である.有効求人倍率も,それまでの0.9～1倍から2009年度には一気に0.47倍に低下,2010年度も0.52倍であった.リーマン・ショック直後に急減した生産水準は急回復したのだが,企業の雇用の過剰感は残り,雇用調整が続いたのである.

　第2は,賃金の減少である.名目賃金(現金給与総額)の伸びは,2009年度は3.9%もの減少となり,2010年度はやや増加(0.5%)したものの,2011年度マイナス0.2%,2012年度マイナス0.9%と減少が続いた.先進国経済においては,通常,名目賃金のレベルが下がることは稀である.日本ではその稀なはずの賃金低下が継続して生じたのは,当然ながら雇用情勢の悪化と深く関係している.すなわち,賃金交渉に臨んで労働組合は,雇用の安定を重視して,低い賃上げに甘んじたという面があるからだ.

　第3は,消費者物価の下落である.バブル崩壊後の日本経済は,1994年度以降,消費者物価上昇率がマイナス1～プラス1%の範囲を推移する(若干の例外はある)という低物価上昇率状態を続けてきたが,民主党政権下でもこの状況は変わらず,2009年度はマイナス1.4%,2010年度マイナス0.7%,2011年度マイナス0.3%という状態が続いた(2012年度はゼロ).

　景気は定義上は上昇過程にあったとはいえ，物価は下がり，雇用情勢は悪化しており，賃金は下がる．多くの人が日本の経済パフォーマンスは悪いと感じていたのも当然だったといえよう．

東日本大震災の経済的影響

　民主党政権下では，2011 年 3 月 11 日に発生した東日本大震災が一過性ではあったが，経済全体に大きな影響を及ぼした．

　まず，震災によって資本ストックが毀損した．この資本ストックの毀損額については，2011 年 6 月に内閣府防災担当が，16.9 兆円程度という推計を出している．これは，1995 年 1 月に発生した阪神淡路大震災の 9.9 兆円程度（1995 年 4 月兵庫県推計）よりもかなり大きい．

　フロー面にも打撃が及んだ．被災地では生産・消費活動がストップし，物流網や生産設備が打撃を受けて生産活動が停滞し，心理的な影響もあって消費も低迷した．このため成長率（実質年率）は，2011 年 1-3 月マイナス 5.6%，4-6 月もマイナス 2.6% となった．1995 年の阪神淡路大震災の時には GDP 成長率にはほとんど影響が出なかったのと比べると，経済的影響はかなり大きかったといえる．

　この段階で経済的影響が拡大したのには 2 つの理由がある．1 つは，電力供給制約である．東日本大震災後は，津波により原子力発電所が被害を受けたことにより，被災地だけでなく東日本の広範囲にわたって，電力供給の供給能力が大きく低下し，計画停電が行われたりした結果，家計や企業の電力需要を十分賄えない状態が続き，これが経済活動を大きく制約した．

　もう 1 つは，サプライ・チェーンの寸断である．自動車産業を例にとると，自動車 1 台を生産するためには 2 ～ 3 万点の部品を必要とする．その部品が供給されるまでには，直接自動車会社に部品を納入する 1 次供給者，その 1 次供給者に部品を供給する 2 次供給者，さらに 3 次供給者という具合に多段階の供給業者が関係してくる．東日本大震災の場合は，被災地である東北地方に，自動車生産に必須でかつ代替困難なカスタム品の多いマイコン工場が立地していた．そのマイコン工場が被災して生産がストップしたため，自動車全体の生産が大きく制約されることになったのである．

こうして短期的には大きな減速があったものの，結局のところは，フローの落ち込みは半年程度で収束し，これが原因で景気が後退局面に入るということまでには至らなかった．

2.2　鳩山政権下の財政政策運営

2009年8月の衆院選挙で民主党が圧勝したことにより，社民党，国民新党との連立政権による政権交代が実現し，鳩山内閣が誕生した．鳩山内閣は，財源の裏付けを欠くままにばら色のマニフェスト実現のために歳出を増したため財政赤字が拡大する結果となった．

マニフェストに盛り込まれた公約とその財源

2009年8月の総選挙の際に民主党が掲げたマニフェストには，巨額の歳出増または歳入減を伴う政策が豊富に盛り込まれていた．金額の大きいものとしては，次のようなものがあった．

①子ども手当の支給（初年度2.5兆円，2011年度以降は5.5兆円）…子供一人当たり月額2万6千円を中学卒業まで支給，ただし初年度は半額，出産一時金の支給（出産時に55万円）．

②高校の授業料無償化（0.5兆円）…公立高校は無償化，私立高校は年12〜24万円を支給．

③ガソリン税などの暫定税率の廃止・減税（2.5兆円）．

④高速道路無料化（段階的に実施，2012年度以降は1.3兆円）…原則として無料．首都高速，阪神高速などは，社会実験（5割引き，7割引き）を実施して影響を確認しつつ，無料化を実施．

これらの政策を合計すると，初年度の2010年度の所要額は7.1兆円，2011年度12.6兆円，2012年度13.2兆円，2013年度13.2兆円となっていた．

そのための財源としては，次の3つの柱が考えられていた．第1は，節約である．国の総予算207兆円（2009年度）を効率化し，無駄遣い，不要不急な事業を整理することにより9.1兆円をねん出するとした．第2は，政府資産の取り崩し，いわゆる「埋蔵金」の活用である．2009年度補正予算で成立した基金類，財政投融資特別会計の資産などを取り崩すことにより5.0兆円を確保す

るとしていた．第3は，租税特別措置の見直しである．不透明な租税特別措置をすべて見直し，役割を終えたものを廃止することにより2.7兆円を確保するとしていた．

2010年度予算の概算要求と事業仕分け

　マニフェストの大盤振る舞いと甘い財源手当てという問題は，民主党自前の予算である2010年度予算編成から顕在化してくる．2010年度予算については，予算の編成方針の段階では「各大臣は，既存予算についてゼロベースで厳しく優先順位を見直し，できる限り要求段階から積極的な減額を行う」としていたのだが，10月になって要求を足し合わせてみると，要求総額は95兆円にも達してしまった．これは，自民党時代に編成された2009年度当初予算の88.5兆円を大きく上回るし，白紙に戻された麻生政権時代の2010年度概算要求額92.1兆円よりも多い．

　鳩山内閣は，大きく膨らんだこの2010年度予算の概算要求を3兆円以上削減することを目指して行革推進会議による事業仕分けを行うこととした．この事業仕分けは大きな話題となった．「仕分け人」とされたグループ・メンバーが，要求の説明をする官僚を問い詰めて，次々に廃止という結論を出していく姿は，いかにも無駄の削減に切り込んでいるという印象を与え，民主党の政治主導を強く印象付けるものとなった．問題はその成果だが，とても目標に届かなかったというのが現実であった．行政刷新会議は，11月30日全体会議を開いたが，その時の報告によると，仕分けの対象となった447事業のうち，必要性が乏しい事業を「廃止」や「予算削減」としたことにより，約7,400億円が削減された．さらに公益法人や独立行政法人の基金のうち約8,400億円を国庫に返納するよう求めた．両者を合わせると，仕分け効果は総額で約1兆6千億円となった．目標の3兆円には全く届かなかったわけだ．

マニフェストの修正と財政赤字の拡大

　仕分けも不発に終わり，2010年度予算編成が難航するなかで，マニフェスト全部を実行することが不可能だということがわかってきた．

　財政赤字については，2009年度2次補正の財源として国債を追加発行した

ため，2009 年度の新規国債発行額は 53.5 兆円となり，借金王と自称した小渕
政権の 37.5 兆円（1999 年度決算ベース）を大きく上回る過去最大の発行とな
ってしまった.

　2010 年度予算編成については，2009 年 12 月 16 日，小沢一郎幹事長が官邸
に乗り込んで，党の要望書を渡した. この要望書には，マニフェストの根幹部
分を相当程度修正する内容が含まれていた. その主なポイントは，ガソリンな
どの暫定税率は現在の水準を維持，子ども手当を変更し所得制限を導入，高校
無償化は公約通り，高速道路の無料化は，社会実験で影響を確認しながら無料
化，農業戸別所得補償制度は，土地改良の予算要求（9,889 億円）を半減して
財源に充てる，などであった.

　このいわば小沢裁定によって予算編成は動きだし，結局，政府の予算案では，
主な公約の扱いは次のようになった。

　①廃止とされていたガソリン税などの暫定税率は，維持され，自動車重量税
　　の国税部分だけ半減となった

　②廃止とされていた扶養控除は，23 ～ 69 歳は存続となった

　③引き下げるとしていた中小企業への法人税は維持され，引き下げについて
　　は今後議論することになった

　④導入を検討することとなっていた環境税は今後の議論に先送りされた

　こうして公約を見直したことにより，公約で初年度 7.1 兆円必要とされた財
源は，減税分も含めて 3.1 兆円に圧縮された. しかし，歳出総額は 2009 年度
の当初予算より 3 兆 7 千 5 百億円（4.2%）増えて，新規国債の発行額は 44 兆
3 千億円となった. 政府は新規国債発行額を 44 兆円以内にするという目標を
掲げており，この目標はおおむね実現したものの，大きな財政赤字が残ること
となってしまった.

2.3　菅，野田政権下の財政政策運営

　2010 年 6 月，鳩山内閣の後を次いで菅内閣が，さらに 2011 年 9 月には野田
内閣が誕生した. この菅内閣，野田内閣のもとでは，財政政策についてかなり
大きな方向転換があった.

菅内閣の方針転換

　菅内閣のもとでは，経済政策について，いくつかの軌道修正が行われた．

　第1に，デフレへの危機感が明確になった．菅総理は，副総理時代から，経済運営担当，国家戦略室担当，財務大臣などを歴任してきたので，マクロ経済政策，財政政策については比較的オーソドックスな考え方を身に付けつつあったようだ．2010年11月20日の閣議後会見では「私たちはデフレ状況にあるという認識を申し上げている」とデフレ宣言を行った．これは同日の月例経済報告閣僚会議で「総合してみると，緩やかなデフレ状況にある」としたことを受けてのものである．

　第2に，財政再建への意識が強まった．菅総理は，2010年2月にカナダで開催された先進7か国財務相・中央銀行総裁会議（G7）に出席した際に，各国要人から日本の財政事情への懸念を聞かされたことから，日本の財政に強い危機意識を持つようになったといわれている．

　菅総理は，2010年7月の参院選に向けて，マニフェストに「強い財政」という項目を加え，「早期に結論を得ることを目指して，消費税を含む税制の抜本改革に関する協議を超党派で開始する」とした．さらに，このマニフェストを発表する会見で「当面の税率は，自民党が提案している10%をひとつの参考にしたい」と踏み込んだ発言をした．敵対する政党が提案している内容を自らの公約に取り込んでしまうという，いわゆる「抱きつき」作戦である．しかし，これはいかにも唐突で，十分な議論を経たものではなかった．この増税発言で支持率が急落したのに焦った菅総理は，今度は唐突に低所得者層への税金の還付に言及し，その内容が発言のたびに変わってしまうという迷走をみせた．

社会保障・税の一体改革への歩み

　消費税についての議論は，2010年10月政府・与党社会保障改革検討本部を設置して再開された．ここで，社会保障の全体像と財源を一体的に議論することとなった．

　この議論は野田内閣に引き継がれる．2012年1月6日，政府・与党社会保障改革検討本部で一体改革の素案を決定，3月30日一体改革法案を閣議決定して国会に提出した．国会審議の過程で，民主党は，低所得者対策やこども園

の取り扱いなどについての自民党からの修正要求を受け入れ，いわゆる「三党（民主，自民，公明）合意」が成立した．同関連法案は6月26日衆議院で修正のうえ可決．参議院でも，一体改革関連法案は「近いうちに国民に信を問う」という総理の約束と引き換えに成立した．

　この時の三党合意で，消費税率を現行の5%から2014年4月1日に8%，2015年10月1日に10%に引き上げられることが決まった．これは次のような点で画期的なことだったと評価できる．すなわち，それまで，消費税のような国民に不人気だが必要な政策が選挙の争点になると，どうしても各党が人気取りに走ることになり，なかなかその政策が前進しないということが繰り返されてきた．これを打開する1つの道は，与野党が合意して政策を進めることである．そうすれば選挙で対立する争点にはなりにくい．

　しかしこのせっかくの三党合意も，2014年4月の消費税率8%への引き上げまでは実現したのだが，その後は安倍政権下で10%への引き上げが繰り返し先延ばしされるなかで反故とされたのである．

3.　アベノミクスの下での経済変動と財政政策運営

　2012年12月，衆院選挙で自民党が大勝し，第2次安倍内閣が誕生した．安倍政権は，一連の経済政策（アベノミクス）を通じてデフレからの脱却，経済成長の促進に力を入れることになる．

3.1　三本の矢と長期景気拡大の実現

三本の矢の登場

　2012年12月に発足した安倍内閣は，デフレの克服を至上命題として掲げ，これを実現するために「三本の矢」を打ち出した．

　第1の矢は，大胆な金融政策である．政府・日銀は共同で2%という物価目標（インフレターゲット）を掲げ，その実現に力を合わせることを決めた．また，2013年4月に着任した黒田日銀総裁は，就任早々，日銀による金融機関への資金供給を大幅に増加したり，長期国債の買入規模を大幅に増やすといった，それまでの枠組みを超えた大胆な金融政策を打ち出した．

　第2の矢は，「機動的な財政運営」だが，これは要するに，公共投資を増やすということである．2012年度の補正予算，2013年度本予算で公共投資の増額が図られた結果，2013年度のGDPベースの公的固定資本形成（実質，ほぼ公共投資に相当）は，8.6%もの増加となった．

　第3の矢は，「民間投資を喚起する成長戦略」である．第1，第2の矢が主に需要面から短期的に経済を活性化しようとするものであるのに対して，成長戦略は，供給面から長期的な経済の活性化を目指すものだといえる．

当初は極めてうまくいったアベノミクス

　この三本の矢のもとで，日本経済は極めて良好なパフォーマンスを示した．具体的には次のような点である．

　①景気の悲観論が後退した（実質GDPの成長率が高まった）．

　②デフレ状況ではなくなった（消費者物価上昇率がマイナス状態を脱却した）．

　③株価が上昇した．

　④企業業績が改善した．

　⑤雇用情勢が改善した（求人倍率の上昇，失業率の低下，雇用者の増加など）．

　しかし，こうした経済パフォーマンスの好転はいつまでもは続かなかった．安倍内閣の発足から2014年3月までは，経済が比較的順調に推移したのだが，2014年4月以降，経済は足踏み状態となった．

　ではなぜ当初はうまくいっていた経済が足踏み状態となってしまったのか．それは，当初の経済を支えた政策効果は本来短期的なものであり，やがてその効果がなくなり，さらには逆効果として作用するようになったからだと考えられる．アベノミクス当初の経済パフォーマンスの好転を支えたのは，次の4点セットだった．

　第1は，株価の上昇だ．アベノミクス発足後，9千円程度だった株価（日経平均）は，2013年度末には1万5千円程度まで上昇し，これが企業マインドを好転させ，資産効果を通じて消費を盛り上げた．

　第2は，円安の進展だ．1ドル80円程度だった円レートは，2013年度末には100円程度まで下落した．これが，企業収益を好転させ，消費者物価を引き

上げた．

　第 3 は，公共投資の増加だ．公的固定資本形成（ほぼ公共投資に相当）は，
2013 年度には 8.6%（実質，以下同じ）も増えたが，2014 年度は 2.0% の減少，
2015 年度も 1.6% の減少である．公共投資が経済を支えたのは最初の 1 年（2013
年度）だけだった．

　第 4 は，駆け込み需要である．消費税率については，民主党内閣時代の三党
合意により，2014 年 4 月に 5% から 8% へ，2016 年 10 月に 8% から 10% への
引き上げが決まっていた．これによって大規模な駆け込み需要が発生した．こ
れにより，2014 年 1-3 月期の民間最終消費支出は実に年率 8.2% もの増加とな
った．

　しかし，2013 年度に景気を浮揚させた 4 点セットは，もともと短期的なも
のであり，2014 年度に入ると，ことごとくその効果が消えていった．だから，
景気上昇はとん挫してしまったのである．

実感なき長期景気拡大

　アベノミクス下の経済の大きな特徴の 1 つは，景気拡大期間が長いことだ．
2012 年 12 月から続く景気拡大は，2019 年 1 月まで続くと 74 か月となり，戦
後最長となる（それまでは 2002 年 1 月から 2008 年 2 月までの 73 か月）．

　もう 1 つの特徴は，このように記録的に長いわりには「実感がない」という
指摘が多いことだ．これについては，その理由の 1 つとして，「足踏みの期間
が 2 回あった」ということを指摘しておこう．アベノミクス景気の中で，2014
年 4 月から 2016 年 9 月までの時期と，2018 年 9 月以降については，経済の拡
大テンポが鈍化している．つまり，アベノミクス景気においては，上昇しては
足踏み，再び上昇しては足踏みということを繰り返した．景気が足踏みとなっ
ても，その後上昇局面が再度現れれば，足踏みの期間も景気上昇期に組み入れ
られる．このため，アベノミクス景気は長いわりには経済のレベルは上がらな
かった．これが「長いわりには実感がない」ことの 1 つの理由ではないかと思
われる．

3.2　消費税率の引き上げをめぐる議論の展開

　安倍政権の財政を大きく左右したのが消費税率の引き上げ問題である．民主党時代の三党合意に沿って，2014 年 4 月に税率を 5% から 8% に引き上げたものの，その経済的影響が意外に大きかったことから，当初 2015 年 10 月に予定されていた 8% から 10% への引き上げは 2 度にわたって延期された．

2014 年の消費税率引き上げの影響

　2014 年の消費税率の引き上げは経済全体に大きな影響を与えることとなった．まず，駆け込み需要とその反動が経済を大きく動揺させた．

　2014 年 4 月に消費税率が 5% から 8% に引き上げられた時の前後の民間消費の変動をみると，①税率引き上げ直前には消費の動きが大きく高まる（2014 年 1-3 月期の前期比年率伸び率は 7.8%），②引き上げ直後には，直前の高まりを大きく上回る大幅な下落が生じる（同 4-6 月期マイナス 17.1%），③引き上げ直前・直後の大変動が一段落した後の消費のレベルは，引き上げ前よりも低下する（2014 年 10-12 月期の消費のレベルは，前年の 10-12 月期より 2% 程度低下）という 3 つの動きを読み取ることができる．

　こうした経済の変動は，これに直面した人々を驚かせ，「消費税率の引き上げに伴う経済的マイナスは意外に大きい」という印象を植え付けたようだ．駆け込みで需要の盛り上がりとその反動が出るのは当然だが，反動の方が大きいということは，プラス効果よりもマイナス効果の方が大きいということではないのか．また，駆け込み騒ぎが一段落すれば，消費は元に戻るはずなのに，一向に戻らないではないかと考えるからである．

　こうした消費税率引き上げの経済的影響については，「駆け込み需要とその反動」と「消費税率引き上げの経済へのマイナス効果」という 2 つを区別する必要がある．

　まず，駆け込み需要について考えよう．消費税率が引き上げられるとわかっている場合，税率が上がる前に購入した方が 3% 安くなるから，2014 年 4 月以前に需要が前倒しされる．これが駆け込み需要だ．特に，住宅や高額な耐久消費財（自動車など）については，節約できる額が大きいから，駆け込み需要も大きいはずだ．

　では，この駆け込み需要の影響が，駆け込みが現れた時のプラスよりも，その反動減のマイナスの方が大きいのはなぜか．これは，増加の時は「正常値と異常に高い値の比較」であるのに対して，反動減は「異常に高い値と異常に低い値の比較」になるからである．

　消費税率引き上げの影響が駆け込みとその反動だけであれば話は簡単だが，影響はそれに止まらない．消費税率引き上げによって消費者物価は上がるが，企業はその分賃金を上げてくれるわけではないので，家計の実質可処分所得は減少し，これに伴い消費も減る．一段落後の消費がレベルダウンするのはこのためである．

2度にわたる消費税率引き上げの延期

　2014年11月，安倍総理は翌2015年10月に予定されていた消費税率の10%への引き上げを2017年4月に先送りするとし，当初の予定を変更して，消費税の先送りを決めたわけだから，改めて民意を問う必要があるという理屈で衆議院を解散した．

　なおこの時の各種世論調査では「消費税先送り」の方が支持されている．例えば，10月27日付の『日本経済新聞』に掲載された世論調査によると，2015年10月に予定通り消費税率を10%に引き上げることについて，「賛成」は23%，「反対」は70%だった．さらに，野党も先送りに賛成であった．選挙戦に入ってからの主張をみると，予定通り引き上げを主張する政党は皆無であり，逆に「先送り」を超えて，凍結・中止や5%への引き下げを主張する政党があったほどだ．

　さらに，2016年5月，伊勢志摩サミット終了後の記者会見で，安倍総理は，「内需を腰折れさせかねない消費税の引き上げは延期すべきだ．世界経済は大きなリスクに直面している」と述べ，消費税率の8%から10%への引き上げを，さらに2年半先延ばしし，2019年10月とすることを表明した．そして，その是非について，2014年7月の参院選で国民の信を問うとした．この2度目の先延ばしでも，参院選において「野党も先延ばしには反対せず」「社会保障については充実を掲げる政党ばかり」ということが繰り返された．

軽減税率の導入

　消費税をめぐっては，単に引き上げ時期が先延ばしされただけではなく，2014 年末に消費税率引き上げを延期した際に，食料品などについては税率を 5% に据え置くという軽減税率の制度が導入されることになった．

　ところが，この軽減税率の導入にはほぼすべての経済学者が反対している．その最大の反対理由は「公平性のための政策としては非効率的だ」ということである．それは，高所得者の方が食料品の消費金額が大きいので，軽減税率によって得をする金額は高所得者の方が多くなってしまうからである．確かに，軽減税率は低所得層を補助してはいるのだが，それは高所得層により大きな補助を行ったうえで低所得層を補助しているのだ．いかに非効率的な分配政策であるかがわかる．

　さらに，どこまでを軽減税率の適用対象にするかという線引きが難しいこと，「軽減税率の対象にして欲しい」というレント・シーキング的な活動が生まれやすくなること，そして，肝心の税収がその分減ってしまうから，財政再建や社会保障制度の安定化への歩みが阻害されてしまうことも経済学者がこれに反対する理由であった．

　ということは，この軽減税率の導入は，専門家が一致して反対している政策を実行しようとしているということになる．このことは日本の政治が劣化していることを示しているのかもしれない．国民から政策運営の負託を受けた政治家は，単に世論に迎合するのではなく，時には世論を説得して，長期的な道を誤らないようにする責務がある．軽減税率の採用は，政治家がその責務を放棄したように私にはみえる．

3.3　令和時代に引き継がれる財政の再建

　結局，安倍政権は財政再建に消極的だったといわざるをえない．消費税の 8% から 10% への引き上げをやや強引な理屈で先延ばししたし，以下述べるように財政再建目標も先送りされたからだ．

先送りされた財政再建目標

　当初，安部政権が掲げていた財政再建目標は，2013 年 6 月に決定した「骨

太方針 2013」で示されていた．これは，

　①プライマリ・バランスの名目 GDP 比を 2010 年度（6.6%）に比べ 2015 年
　　度までに半減する（この目標はその後達成されている）．

　② 2020 年度までにプライマリ・バランスを黒字化する．

　③その後の債務残高対 GDP 比の安定的な引き下げを目指す．

というものだった．しかし，多くの専門家の間では，この目標は達成できない
というのが常識的な見方であった．何よりも，政府自らがその実現性に懐疑的
だったからだ．

　例えば，内閣府が 2016 年 7 月に経済財政諮問会議に提出した「中長期の経
済財政に関する試算」によると，経済が思惑通り成長し，予定通り 2019 年 10
月に消費税率を 10% に引き上げても，2020 年度プライマリ・バランス黒字と
いう目標は達成できない（同年度のプライマリ・バランスは，GDP 比 1.0%，
5.8 兆円の赤字）という姿が示されている．同じような試算は 2018 年 6 月の財
政再建目標改定の直前まで繰り返されていた．これをみれば誰もが，財政再建
目標は単なる絵に描いた餅だと考えざるをえなかったのである．

　政府は，2018 年 6 月の骨太方針で新たな財政再建方針を決定した．具体的
には「経済再生と財政健全化に着実に取り組み，2025 年度の国・地方を合わ
せた PB（プライマリ・バランス）黒字化を目指す．同時に，債務残高対 GDP
比の安定的な引き下げを目指すことを堅持する」となっている．

　ただしこの新目標も，これまでの目標と同じ道をたどる可能性が高い．2020
年 1 月に示された内閣府の「中長期の経済財政に関する試算」では，政策が想
定通りの成果を示すという楽観的な見通し（成長実現ケース）においても，
2025 年度のプライマリ・バランスは，3.6 兆円の赤字（GDP 比 0.5%）が残る
という姿が示されている．

令和時代に引き継がれる財政再建

　こうして財政再建という困難な課題はほとんど手付かずのまま令和時代に引
き継がれることとなった．平成時代を振り返ってみると，令和時代に求められ
る財政再建に際して，次のような点を十分考えておく必要がある．

　1 つは，財政によるマクロ経済浮揚策はあくまでも短期的な効果しかないと

いうことだ．平成時代には，経済が低迷するなかで，30 回以上もの経済対策が打ち出されてきた．ほぼ 1 年に 1 回である．その大部分は補正予算の編成による財政出動を伴うものだった．ざっと計算すると，その事業規模の合計は 400 兆円を上回る（ただし融資などの金額も含む）．

　これだけの金額を注ぎ込みながら，経済は目にみえて好転しなかった．少なくとも，財政支出の拡大は持続的な成長力の引き上げには無力だということが証明されたようなものだ．

　もう 1 つは，財政再建については，政策決定プロセスの改革が求められるということだ．財政再建は歳出カットという手段をとるにせよ，増税という手段をとるにせよ，国民の痛みを伴わざるをえないから，なかなか支持を得ることは難しい．この時政治はどうしてもこの国民意識に引きずられてしまうので，結局財政再建は先送りされがちとなる．こうしたことを繰り返さないためには，財政政策の決定を，もっと政治的なプロセスから独立させることを考える必要があるだろう．

　具体的には，証拠に基づく政策決定（いわゆる EBPM：Evidence Based Policy Making）を推進すること，有識者からなる独立財政組織（Independent Fiscal Institution）を作って政治的利害に引きずられない提案が実現しやすいようにすることなどが考えられる．

第7章
日本財政を巡る現状と課題
—「平成」の総括と「令和」という新たな時代に求められる覚悟—

小黒 一正

1. 日本財政の現状

　「平成」という時代が終わり，「令和」という新たな時代が始まった．1991年3月のバブル崩壊以降，金融機関の不良債権問題・破綻再編や大震災・原発事故といった深刻な問題に直面する一方で，日本経済はさまざまな構造改革などを進めてきたが，これから本格的に到来する人口減少・少子高齢化社会に適合したものに制度を変革するには至っていない．

　それは国民の多くも薄々感じとっていると思われる．実際，50年後の日本の未来は，現在と比べて明るいと思うか，それとも暗いと思うかという世論調査の質問に対し，「明るいと思う」と回答した者の割合は33%（「どちらかといえば明るいと思う」を含む）だけで，「暗いと思う」と回答した者の割合は60%（「どちらかといえば暗いと思う」を含む）にも達する（詳細は内閣府「人口，経済社会等の日本の将来像に関する世論調査」（2014年度）を参照）．将来を悲観する理由はさまざまだが，最も深刻なのが財政である．

　現在，国・地方を合わせた政府の総債務残高（対GDP）は200%超にも達しており，わが国の財政状況は，歴史的にも極めて特異な状況にある．というのも，この水準は，太平洋戦争のために国中の資源が総動員された第2次世界大戦の末期である1944年度をも超えるレベルにあるからである．まさに歴史的水準といっても過言ではないだろう．

図表 1　1890 年度以降の総政府債務残高の GDP 比の推移

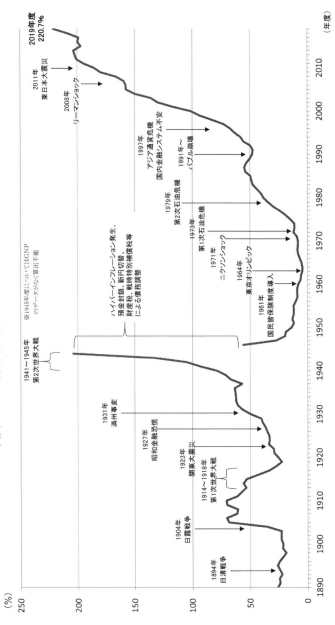

注 1：政府債務残高は、「国債及び借入金現在高」の年度末の値（「国債統計年報」等による）。2018 年度は第 2 次補正後予算案に基づく見込み、2019 年度は予算ベースの計数であり、政府短期証券のうち財政融資資金証券、外国為替資金証券、食糧証券の残高が発行限度額（計 197 兆円）となっていることに留意。なお、1945 年は第 2 次世界大戦終結時により GNP のデータがなく算出不能。

注 2：GDP は、1929 年度までは「大川・高松・山本推計」における粗国民支出、1930 年度から 1954 年度までは名目 GNP、1955 年度以降は名目 GDP の値（1954 年度までは「日本長期統計総覧」、1955 年度以降は国民経済計算による。ただし、2018 年度及び 2019 年度は、「平成 31 年度の経済見通しと経済財政運営の基本的態度」（平成 31 年 1 月 28 日閣議決定）による。

出所：「（参考）戦前からの債務残高の現状等について（財務省「わが国財政の現状等について（説明資料）」平成 31 年 4 月 17 日）。

　しかも，現在の日本財政の現状は，考え方によっては，第 2 次世界大戦末期よりも深刻であるともいえる．第 2 次世界大戦末期の債務は，すべて戦争という「過去の原因」に基づくものであり，戦争さえ終われば，後は改善の方向に向かっていく．しかし，現状は，足下ですでに莫大な債務があるのみならず，財政赤字が恒常化しており，今後将来に向かって，高齢化の進展等によるさらなる財政悪化圧力が生じていくのである．

　このため，「日本財政は持続可能でなく，やがて破綻する」等といわれることも多いが，実際のところはどうなのか，改めて日本財政の現状を概観してみよう．

　2019 年度の一般会計予算（当初）は，臨時・特別の措置の約 2 兆円を含め，約 101 兆円となっている（図表 2）．その歳入の内訳は，税収の 62.5 兆円とその他収入の 6 兆円で 68.8 兆円である．残りの約 33 兆円は公債金収入，つまり借金で賄っている．

　一方，歳出は，社会保障関係費や文教及び科学振興費など，国の基本的な事業にかかる「一般歳出」が 62 兆円であり，地方自治体に配分される「地方交付税交付金等」が 16 兆円である．そして，国債の元利払いに相当する国債費が 23.5 兆円となっている．

　これを家計に喩えてみれば，より実態を把握しやすくなろう．仮に月収（税収＋税外収入）が 30 万円の家計であるとすると，月々の支出（歳出）が 45 万円もあり，差額の 15 万円を毎月借金（公債金収入）で賄っているような状態に相当する．

　では支出の内訳は何かといえば，生活費一般（一般歳出）に 27 万円，田舎への仕送り（地方交付税交付金）に 7 万円，ローンの元利払いに 11 万円といった具合になる．

　このような家計で借金を重ねていれば，当然ながら累積債務も莫大になる．2019 年度末での普通国債残高は 897 兆円（2019 年度当初予算）であるが，これに借入金，政府短期証券などを加えた国の債務残高は，1,250 兆円にも達する．同じく家計に喩えるならば，6,667 万円のローン残高を背負っているような状態である．月収 30 万円（年収 360 万円）と考えれば，身の丈に合わないことは明らかである．

図表 2　国の一般会計予算 (2019 年度, 当初)

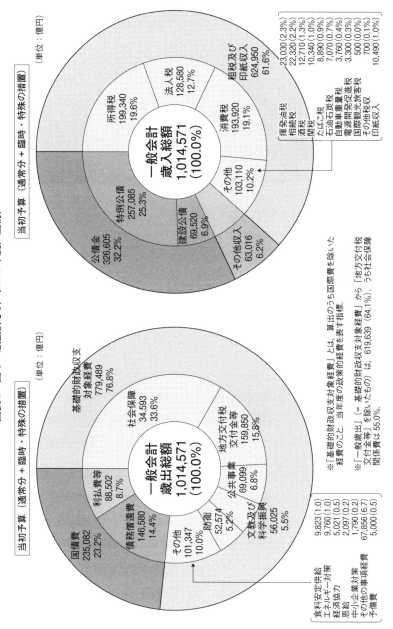

当初予算 (通常分 + 臨時・特殊の措置)

（単位：億円）

一般会計
歳入総額
1,014,571
(100.0%)

所得税
199,340
19.6%

法人税
128,580
12.7%

租税及び
印紙収入
624,950
61.6%

消費税
193,920
19.1%

その他
103,110
10.2%

特例公債
257,085
25.3%

公債金
326,605
32.2%

建設公債
69,520
6.9%

その他収入
63,016
6.2%

揮発油税
相続税
酒税
関税
たばこ税
石油石炭税
自動車重量税
電源開発促進税
国際観光旅客税
その他税収
印紙収入

23,030 (2.3%)
22,320 (2.2%)
12,710 (1.3%)
10,340 (1.0%)
8,890 (0.9%)
7,070 (0.7%)
3,760 (0.4%)
3,300 (0.3%)
500 (0.0%)
700 (0.1%)
10,490 (1.0%)

当初予算 (通常分 + 臨時・特殊の措置)

（単位：億円）

一般会計
歳出総額
1,014,571
(100.0%)

基礎的財政収支
対象経費
779,489
76.8%

社会保障
34,593
33.6%

地方交付税
交付金等
159,850
15.8%

公共事業
69,099
6.8%

文教及び
科学振興費
56,025
5.5%

防衛
52,574
5.2%

その他
101,347
10.0%

債務償還費
146,580
14.4%

利払費等
88,502
8.7%

国債費
235,082
23.2%

食料安定供給
エネルギー対策
経済協力
恩給
中小企業対策
その他の事項経費
予備費

9,823 (1.0)
9,760 (1.0)
5,021 (0.5)
2,097 (0.2)
1,790 (0.2)
67,856 (6.7)
5,000 (0.5)

※「基礎的財政収支対象経費」とは, 算出のうち国債費を除いた
経費のこと. 当年度の政策的経費を表す指標.

※「一般歳出」(= 基礎的財政収支対象経費) から「地方交付税
交付金等」を除いたもの) は, 619,639 (64.1%). うち社会保障
関係費は 55.0%.

出所：財務省.

図表 3　1990 年度と 2017 年度予算の比較（国の一般会計，当初）

（単位：兆円）

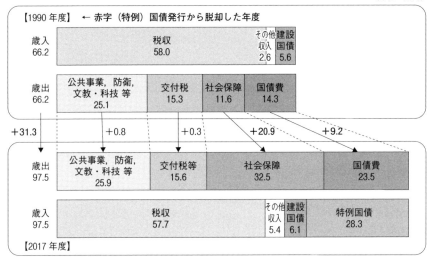

注：いずれも当初予算ベース．
出所：財務省資料．

　では，国の債務残高が累増した主な原因は何か．これは，1990 年度と 2017 年度における国の一般会計予算（当初）を比較するとわかる（図表 3）．

　この図表から債務増加の主な原因が読み取れる．図表において，歳入のうち，1990 年度と 2017 年度の税収は概ね 58 兆円で変化していない．税収以外の収入である「その他収入」についても，1990 年度の 2.6 兆円から 2017 年度の 5.4 兆円に若干（2.8 兆円）増加しているが，大きな変化はみられない．また，歳出のうち，1990 年度と 2017 年度の「公共事業・防衛・文教科学等」は概ね 25 兆円，交付税は概ね 15 兆円で変化は少ない．

　しかしながら，1990 年度から 2017 年度において，社会保障費は 11.6 兆円から 32.5 兆円に膨張し，この期間に 20.9 兆円も増加している．また，この期間において，国の債務残高が累増するなかで，国債の元利払いに相当する国債費も 14.3 兆円から 23.5 兆円に膨張し，9.2 兆円も増加している．

　この結果，債務残高が累増したわけである．すなわち，歳出と税収等（その他収入を含む）のギャップは公債金収入で穴埋めすることになるが，1990 年

図表 4　社会保障給付費の推移

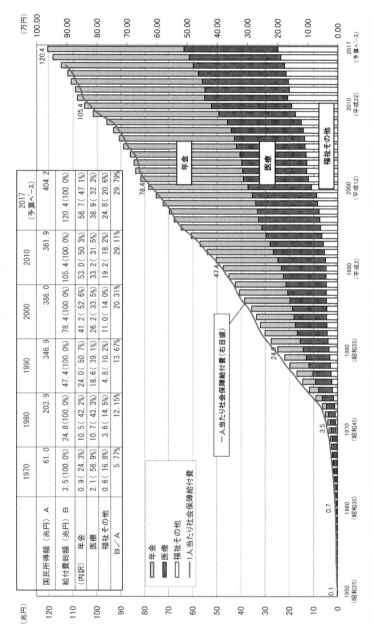

資料：国立社会保障・人口問題研究所「平成 27 年度社会保障費用統計」，2016 年度，2017 年度（予算ベース）は厚生労働省推計。2017 年度の国民所得額は「平成 29 年度の経済見通し と経済財政運営の基本的態度（平成 29 年 1 月 20 日閣議決定）」。

注：図中の数値は、1950, 1960, 1970, 1980, 1990, 2000 および 2010 並びに 2017 年度（予算ベース）の社会保障給付費（兆円）である。

度における歳出66.2兆円と税収等60.6兆円のギャップである「公債金収入」
（建設国債の発行）は5.6兆円に過ぎなかった．しかしながら，2017年度にお
ける歳出97.5兆円と税収等63.1兆円のギャップである「公債金収入」（特例国
債と建設国債の発行）は34.4兆円に増加したのであり，この増加の主な原因
は社会保障費と国債費の増加である．

　なお，一般的な議論では，国の一般会計予算における社会保障費（正式名称
は「社会保障関係費」）の伸びのみに注目が集まるが，国や地方等が負担する
「社会保障給付費」の伸びの方が重要である．2018年度の社会保障給付費は約
121.3兆円（内：年金56.7兆円，医療39.2兆円，介護10.7兆円など）であるが，
この財源は保険料収入70.2兆円や国庫負担33.1兆円，地方負担13.8兆円等で
賄われている．

　国の一般会計予算で注目する社会保障関係費は，基本的に社会保障給付費の
国庫負担に相当し，社会保障給付費の一部に過ぎない．しかも，国や地方等が
負担する社会保障給付費は，2006年度から2015年度の10年間で約26兆円，
つまり年平均で約2.6兆円のペースで増加していた．さまざまな改革努力で最
近は，2010年度（105.4兆円）から2018年度（121.3兆円）の9年間で年間平
均約1.8兆円の増加に抑制できているが，消費税率1%の引き上げで手に入る
税の増収分は約2.8兆円といわれており，社会保障給付費は一時，消費税率
1%の増収分に相当するスピードで伸びていた．

2.　社会保障給付費の将来予測

　すなわち，財政再建の本丸は社会保障改革といっても過言ではないが，社会
保障費は今後どう推移するのか．政府は2018年5月21日の経済財政諮問会議
において，中長期的な観点で社会保障改革に関する「国民的」議論を行うため
の「土台」として，「2040年を見据えた社会保障の将来見通し」を公表した．

　この試算は，年金・医療・介護といった社会保障の「給付と負担の見通し」
等を示すもので，2018年度から2040年度における社会保障給付費（対GDP）
等の推計を行っており，約6年前の厚生労働省「社会保障に係る費用の将来推
計の改定について」（平成24年3月）の改訂版に相当するものである．前回の

図表5　社会保障給付費（対GDP）の見通し（ベースライン・ケース）

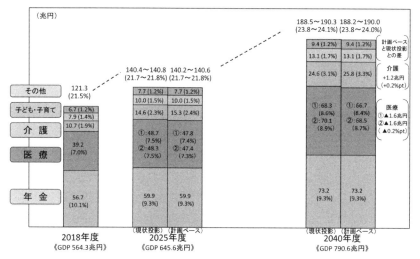

注1：（　）内は対GDP比．医療は単価の伸び率について2通りの仮定をおいており給付費に幅がある．
注2：「現状投影」は，医療・介護サービスの足下の利用状況を基に機械的に計算した場合．「計画ベース」は，医療は地域医療構想及び第3期医療費適正化計画，介護は第7期介護保険事業計画を基礎とした場合．
出所：内閣府等（2018）「2040年を見据えた社会保障の将来見通し」から抜粋．

試算は2012年度から2025年度であったが，今回は2040年度まで拡張している．

　では，今回の試算が意味するものは何か．一言でいうならば，非常に厳しい社会保障の姿を示す．まず，その説明を行う前に，推計の前提を簡単に確認しておこう．推計に利用した人口は，国立社会保障・人口問題研究所の「日本の将来推計人口（2017年推計）」（出生中位（死亡中位）推計）である．また，名目GDP成長率や物価上昇率としては，2027年度までは内閣府「中長期の経済財政に関する試算」（2018年1月版），2028年度以降は公的年金の「2014年財政検証」に基づいた前提値などを利用している．

　例えば，成長実現ケースでは，2027年度の名目GDP成長率は3.5%，2028年度以降は1.6%としており，ベースラインケースでは，2027年度の名目GDP成長率は1.7%，2028年度以降は1.2%としている．しかしながら，1995年度から2016年度の約20年間において，名目GDP成長率の平均は0.3%し

かない．成長率が予想を上回る場合は問題ないが，名目 GDP 成長率が今後過去平均の 4 倍以上に上昇するという前提で改革を検討するリスクは本当にないか．

　以上の前提のもと，ベースライン・ケースでも，2018 年度に対 GDP 比で 21.5% であった社会保障給付費（年金・医療・介護等）は，2040 年度に最大で 24% に増加するというのが今回の試算（給付と負担の見通し）のポイントである．すなわち，社会保障給付費（対 GDP）は約 20 年間で 2.5% ポイント上昇する．現在の GDP は約 550 兆円であるため，いまの感覚でいうと，この社会保障給付費の増加は約 14 兆円（= 550 兆円 × 2.5%）に相当する．

　消費税率 1% の引き上げ（軽減税率の影響を除く）で概ね 2.8 兆円の税収が得られるから，仮に消費増税でこの増加に対応するには，消費税率を約 5% も引き上げることを意味する．それに加えて，財政赤字（約 20 兆円）の縮小も考慮すると，2040 年度において，消費税率は 10% から 22% にまで引き上げる必要があることになる．

　なお，財務省の「わが国の財政に関する長期推計（改訂版）」（平成 30 年 4 月 6 日）も参考となる．この推計は，2014 年 4 月における財務省の財政制度等審議会財政制度分科会において，起草検討委員の提出という形で初めて公表されたものであり，2015 年 10 月と 2018 年 4 月に長期推計の改訂版を公表している．この 2018 年 4 月版によると，医療・介護費（対 GDP）は，2020 年度頃に約 9%（≒ 6.8% + 2.07%）であったものが，2060 年度頃には約 14%（= 8.87% + 4.95%）に上昇する（図表 6）．40 年間で医療・介護合計では約 5% ポイントの上昇で，2020 年度から 2040 年度までの 20 年間では約 2.5% の上昇のため，内閣府等の今回の試算と整合的なものとなっている．仮に財務省の長期推計が妥当であれば，社会保障給付費（対 GDP）は 2040 年度から 2060 年度までに，さらに 2.5% も上昇することを意味する．

　これは，消費税率をさらに約 5% も引き上げる必要があることを示唆する．債務の利払い費が増すリスクもあるので，社会保障の抜本改革を行わない限り，財政を安定化させるためには，最終的に消費税率を最低でも 30% 程度に引き上げなければならない可能性が高いことを意味する．OECD も 2019 年 4 月中旬に公表した対日経済審査報告書において，日本経済の人口減少に警鐘を鳴ら

図表6　医療・介護費を中心とする「年齢関係支出」の推移

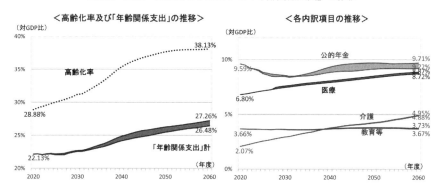

注1：一般政府（国・地方及び社会保障基金）ベースで試算した数値.
注2：いずれも，2027年度までは内閣府「中長期試算」（2018年1月）の成長実現ケース，2028年度以降は「年
　　　金財政検証」（2014年6月）の高成長ケースに接続する5パターンを経済前提に用いた数値.
注3：高齢化率は，総人口に占める65歳以上人口の割合.
注4：「新しい経済政策パッケージ」に伴う歳出については，現時点で制度の詳細が決定しておらず，年齢階級
　　　別一人当たり給付費が現段階で不明であることから，便宜上，非年齢関係支出として推計.
出所：財務省（2018）「わが国の財政に関する長期推計（改訂版）」（平成30年4月6日）.

し，財政安定化のためには消費税率を最大26%に引き上げる必要性を強調し
ており，消費税率30%という数値はその内容とも概ね一致する.

3.　改革先送りのコスト

　財務省の長期推計では，高齢化による社会保障費等（年齢関係支出）の増加
が将来の財政に与える影響を分析するため，2060年度までの財政の姿を予測し，
財政安定化に必要な基礎的財政収支（PB）の改善幅を試算している.
　具体的には，欧州委員会の分析方法にならい，2060年度以降に債務残高対
GDP比を安定させるために必要なPBの恒久的な改善をある年度において一
回で行うと仮定したときのPB改善幅を試算している.
　直近の長期推計（2018年4月版）では，次の2つのケースを試算している.
　ケースA：現行制度を前提として2020年度時点で必要なPB改善幅を国・
　　　　　　地方ベースで試算
　ケースB：2020年度までに国・地方のPBが均衡すると仮定し，そこからさ

図表7　ケースAの試算結果

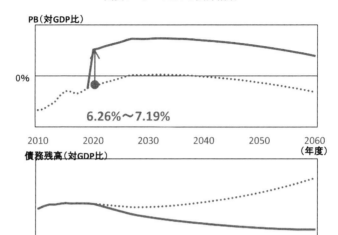

参考：1％の要収支改善幅は，2020年度GDP（598兆円（内閣府「中長期試算」（2018年1月）の
　　　「成長実現ケース」における2020年度の名目GDP））で換算すると6.0兆円程度.
注1：上記グラフにおける実線は，2060年度以降に債務残高対GDP比を安定させるように収支改
　　　善を行った場合のPB対GDP比及び債務残高対GDP比.破線は収支改善を行わない場合.
注2：今回試算・前回試算ともに「年金財政検証」（2014年6月）の高成長ケースに接続する5パ
　　　ターンを用いた値.
出所：財務省（2018）「わが国の財政に関する長期指針（改訂版）」（平成30年4月6日）.

　　　らにその時点で必要なPB改善幅を国・地方ベースで試算．その
　　　うえで，国・地方PBの均衡年度を2027年度まで1年ずつ後ろ
　　　倒し，必要なPB改善幅を試算することにより，PBが均衡する
　　　時期の遅れによるコストを分析

　このうち，「ケースA」では，2020年度時点で必要なPB改善幅（対GDP
比）は6.26%〜7.19%であることを明らかにしている．また，2020年度のPB
均衡を仮定する「ケースB」では，長期的な債務残高（対GDP）の安定に必
要なPB改善幅は3.93%〜4.78%と推計しており，PB改善を1年間遅らせる
と，その分債務残高が増加し，その後に（毎年度）発生する追加的コスト（対
GDP）は平均0.16%（約1.0〜1.2兆円）であることを明らかにしている.

図表 8　欧州主要国との比較

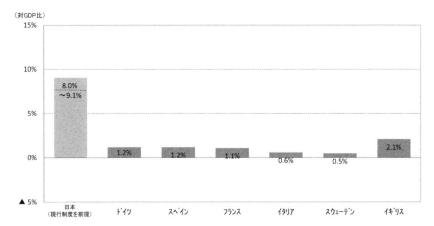

注：日本については「年金財政検証」（2014 年 6 月）の高成長ケースに接続する 5 パターンの経済前提を用いた場合の数値.
　　日本は 2020 年度時点，欧州各国は 2019 年時点に必要な収支改善幅（対 GDP 比）.
出典：欧州委員会「Debt Sustainability Monitor 2017」，欧州委員会「The 2015 Ageing Report」.
出所：財務省（2018）「わが国の財政に関する長期指針（改訂版）」（平成 30 年 4 月 6 日）.

　なお，2018 年 4 月版の長期推計では，国・地方に社会保障基金を加えた「一般政府」ベースで，ドイツやフランス等の欧州主要国との比較も行っている．欧州委員会では，要 PB 改善幅が 6% 以上の国を「高リスク」に分類しているが，わが国の要 PB 改善幅（対 GDP）は 8% ～ 9.1% で，債務残高（対 GDP）を 2060 年度以降に安定させるために必要な PB 改善幅が欧州主要国と比較して突出している現状も示している（図表 8）.

4．急増する本業赤字の地域銀行：大規模金融緩和の副作用か

　以上のとおり，人口高齢化で社会保障費が急増し，財政赤字が恒常化するなか，GDP の 2 倍以上の債務を抱える日本の財政は極めて厳しい状況である．
　にもかかわらず，財政の持続可能性に対する国民の危機感は弱い．この理由の 1 つには，日銀が "異次元" の金融政策で大量に国債を買い取り，長期金利を極めて低い水準に抑制できていることが挙げられよう．その結果として，国

債の利回りが 1% 程度（発行済み国債の加重平均金利）で済んでおり，約 1,000 兆円もの政府債務の利払い費が約 10 兆円に抑制できている．未来永劫，金融政策で長期金利を低い水準に抑制できるだろうか．

　金利を低水準に抑制できているのは，2% 物価目標が存在するためである．2% 物価目標を達成するため，日銀は 2013 年 4 月から異次元緩和（量的・質的金融緩和）をスタートしたが，6 年半を超えても，いまだに達成する見込みは立たない．

　現在に至るまで，2014 年 10 月に追加緩和，2016 年 1 月にマイナス金利を導入する等，さまざまな対策を実行してきたが，異次元緩和の限界が明らかになる一方であった．

　このような状況のなか，日銀は，金融政策の重心を「量」から「金利」に移す政策変更を行うため，2016 年 9 月下旬，「長短金利操作付き量的・質的金融緩和」に舵を切り，現在に至っている．いま金融政策の重心は明らかに「金利」であり，日銀は，国債オペレーション等を通じて，短期金利をマイナス 0.1%，長期金利（10 年物国債の利回りに相当）を 0% 程度に制御する政策を実行している．

　問題はこの政策がいつまで継続できるかだ．大規模金融緩和の副作用や歪みがどこかに潜んでいないのか．筆者は少なくとも 2 つの副作用や歪みがあると考えている．

　第 1 は，財政規律の弛緩だ．通常，財政赤字の拡大や債務の累増で財政が悪化すれば，市場メカニズムで長期金利が上昇し，債務の利払い費の増加を通じて，それは財政を直撃する．しかし，現在のところ，長期金利が上昇する気配はない．政府部門の債務残高（対 GDP）は 200% 超も存在し，いまも増加を続けているにもかかわらず，見かけ上，日本財政は安定化している．この理由は単純で，日銀の大規模金融緩和で長期金利の上昇圧力が抑制され，債務の利払い費が抑制できているからである．それは財政的に居心地がよい状況だが，政治的に財政規律を弛緩させ，財政再建や社会保障改革を遅らせてしまい，いつか長期金利が上昇し始めたときに顕在化する財政危機の「マグマ」を蓄積してしまう可能性がある．

　第 2 は，超低金利の長期化で進む金融機関の収益悪化だ．例えば，銀行の本

図表9　地域銀行の本業利益と本業赤字銀行数の推移

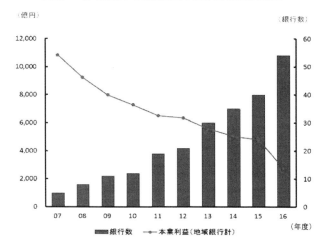

資料：金融庁.

業は預金を集め，資金を必要とする企業等に貸し出しをすることだが，その収益は貸出金利と預金金利の「利鞘」で決まる．預金金利は短期金利，貸出金利は長期金利（10年物国債の利回りに相当）に連動する傾向があるが，日銀の大規模金融緩和により，長期金利と短期金利のスプレッドが縮小している．この結果として，貸出金利と預金金利の「利鞘」も大幅に縮小しており，銀行など金融機関の収益が悪化している．特に，体力の弱い地域銀行の収益が急速に悪化している．

　この事実は，金融庁が2018年4月に公表した「地域金融の課題と競争のあり方」という資料からも確認できる．この資料の8ページには「本業（貸出・手数料ビジネス）の利益は悪化を続けており，2016年度の決算では地域銀行（106行）の過半数の54行が本業赤字となっている」旨の記載がある（図表9）．

　このような現状については，日銀の黒田総裁も十分に認識しているように思われる．実際，2018年11月5日の講演（於：名古屋）でも，「日本銀行としても，金融緩和の継続が，貸出利鞘の縮小などによる収益力低下を通じて，金融機関の経営体力に累積的な影響を及ぼし，金融システムの安定性や金融仲介機能に影響を与える可能性があることは十分に認識している．すなわち，低金利

図表 10　住宅ローン残高の推移（大手銀行・地域銀行・信金）

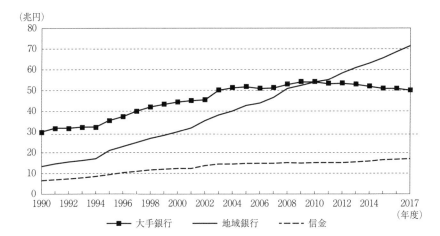

出所：日本経済研究センター（2018）「異次元緩和下で地域銀行の金利リスク量が増大— 2019 年 3 月期から国内
　　　基準行に金利リスクの新基準—」（2018 年度金融研究班報告②：地域金融機関の抱えるリスク）から抜粋.

環境や厳しい競争環境が続くなか，金融機関が，収益確保のためにリスクテイ
クを一段と積極化すれば，将来，万一大きな負のショックが発生した場合，金
融システムが不安定化する可能性がある．また，低金利環境が続くもとで，金
融機関収益の下押しが長期化すると，貸出姿勢が消極化するなど，金融仲介が
停滞方向に向かうリスクもある」旨のメッセージを発信している．

『週刊エコノミスト』（2018 年 12 月 4 日号）でも，2018 年 3 月期の公開情報
に基づき，地方銀行 64 行の預貸業務の収益性を分析し，その 8 割が赤字にな
っているとの試算結果を掲載している．バブル崩壊で 1990 年代後半に顕在化
した金融危機を納税者の負担で処理したことは多くの国民の記憶に残っている
はずだ．大手銀行の住宅ローン残高は 2010 年度をピークに減少傾向にあるが，
図表 10 のとおり，地域銀行や信金では住宅ローン残高が増加を続けている．
現在の金融緩和の副作用や歪みがどのような形や経路で顕在化するか，現時点
では筆者も予測不可能だが，マグマが滞留しつつあることは明らかであり，
「金融政策の正常化」の方法につき，冷静かつ真剣な議論を行う時期にきてい
る．

図表 11　CPI 前年比の日米比較（2016 年 8 月）

（単位：%）

	アメリカ	日本		アメリカ	日本
財（モノ）全体	-2.2	-1.2	サービス全体	3.0	0.2
耐久消費材	-2.0	-1.3	レストランでの外食[4]	2.4	0.8
テレビ	-20.6	-15.3	洗濯代[5]	3.3	0.8
パソコン[1]	-6.8	1.8	理髪料	1.9	0.0
電話機等[2]	-9.6	-0.8	家事関連サービス	1.0	0.1
自動車[3]	-0.7	-0.1	ホテル	2.5	-0.4
一般家具	-2.9	-0.1	入場料[6]	3.7	1.3
玩　具	-7.9	-1.6	携帯電話通話料	-0.7	-2.8
文　具	-2.6	1.8	駐車料金[7]	2.9	0.2
婦人洋服	-0.4	3.4	鉄道運賃[8]	2.4	0.0
男性洋服	1.1	3.7	上下水道	3.7	0.4
履　物	-0.5	3.9	保育所保育料	2.7	-0.8
医薬品	4.7	-0.4	介護料[9]	3.7	0.0
ガソリン	-17.8	-12.5	大学授業料[10]	2.3	0.5
食品（米，パン，麺など穀類）	-0.7	1.6	病院サービス[11]	6.2	1.1
食品（肉）	-4.4	1.7	住居家賃[12]	3.4	-0.4
食品（魚介類）	-1.0	1.4	帰属家賃	3.3	-0.4
			総合	1.1	-0.5
			総合（除く食品・エネルギー）	2.3	0.2

注：1）日本はデスクトップとノートの平均，2）日本は携帯電話機，3）アメリカは新車，4）日本は一般外食，5）日本は洗濯代 A と B の平均，6）映画，スポーツ観戦など，7）日本は車庫と駐車の平均，8）アメリカは都市間，日本は JR，9）アメリカは介護ホーム，10）日本は国立と私立の平均，11）日本は診療代，12）日本は民営家賃．

5.　物価の問題は構造的な問題

　では，物価が上昇しない理由は何か．筆者は以前から，物価の問題は構造的な問題であると指摘してきた．それはアメリカと日本の「消費者物価指数」（CPI）の中身を比較すると，一目瞭然である．

　図表 11 は 2016 年 8 月時点でのアメリカと日本の CPI（対前年比）を比較したもので，右側が「サービス全体」，左側が「モノ全体」の物価を表す．また，右側の一番下の段には，サービス全体とモノ全体を合わせた「総合」や「総合（除く食品・エネルギー）」の対前年比を記載している．このうち，一般的に前者を「CPI 総合」，後者を「コアコア CPI」というが，どちらもアメリカの物価上昇率の方が日本より高くなっている．例えば，CPI 総合の物価上昇率は日

本がマイナス 0.5% でデフレーションの状況であったが，アメリカは 1.1% でインフレーションの状況であった．

しかしながら，興味深いのは，左側の「モノ全体」の物価上昇率である．モノ全体であればアメリカの方が日本よりもデフレーションであった．実際，日本の物価上昇率はマイナス 1.2% であったが，アメリカはマイナス 2.2% で，アメリカの物価下落率の方が大きい．アメリカの方がグローバル経済を利用して，賃金の安い東アジア等でモノを製造し，自国に輸入する戦略を採用しているためである．例えば，その典型が台湾の鴻海精密工業に製造を委託し，中国などで iPhone を生産するアップル（Apple）である．

しかしながら，右側の「サービス全体」でみるとアメリカの物価上昇率の方が日本よりも高い．実際，日本の物価上昇率は 0.2% しかないが，アメリカは 3% である．この主な理由は「サービス全体」の物価上昇率の中身を比較すると読み取れる．例えば，大学授業料の物価上昇率では日本は 0.5% しかないが，アメリカは 2.3% もある．また，病院サービスでは日本は 1.1% であるが，アメリカは 6.2% の物価上昇率もあり，介護料や保育所保育料，上下水道なども同様である．これらは，日本では「官製市場」として政府が価格統制（例：診療報酬や介護報酬）等をしている領域であり，そのようなサービスの領域で物価上昇率が低いことが，全体の物価上昇率を押し下げている．すなわち，物価の問題は規制構造の問題などの影響もあり，金融政策だけの問題ではないということである．

6.　世代会計が示す現実（財政的幼児虐待）

最後に，コトリコフ（I. J. Kotlikoff）らが打ち立てた，「世代会計（Generational Accounting）」という視点で財政の現状を評価してみたい．そもそも，年金・医療・介護といった社会保障の給付水準や社会保険料の負担を含め，政府が提供する公共サービスや国民に求める負担は，世代によって大きく異なる．このため，財政政策を評価にあたって財政収支や政府債務などの指標のみを把握するのではなく，世代ごとに評価する発想が出てくる．このような発想に基づき，各世代が，その生涯を通じて，政府に支払う負担（例：税・社会保険料の負

図表12　世代会計（世代ごとの受益と負担の構造）

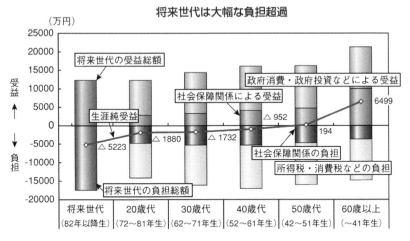

備考：1. 内閣府「国民経済計算」，総務省「家計調査」「全国消費実態調査」「国勢調査」等により作成.
　　　2. 世代別一世帯当たり生涯純受益（生涯純益総額－生涯負担総額）を算出したもの.
　　　3. グラフ中の数値は各世代における純受益額（単位は万円）. 将来世代については，最近時点
　　　　（2001年）の受益水準が将来にわたって不変で維持される前提により算出.
出所：内閣府「経済財政白書」（2003年度版）.

担）と，政府から受け取る受益（例：年金・医療・介護等の社会保障給付）を
推計し，財政のあり方を評価する仕組みを「世代会計」という.

　図表12は，内閣府「経済財政白書」（2003年度版）での世代会計で，概ね次
のような方法で推計している.

　まず，政府が提供する公共サービスのうち，その受益が世代ごとに帰着し，
受益水準が世代ごとに大きく異なる社会保障給付などについては，年齢階級別
のデータ（例：家計調査や全国消費実態調査）等に基づき，各世代の人々に按
分する. 防衛や警察・消防，道路などの政府消費や政府投資のように，世代ご
とに受益の水準が大きく異ならず，国民全体に等しく受益が及ぶものについて
は，各世代の人々に均等按分する.

　また，税や社会保険料などの負担についても，年齢階級別のデータ（例：家
計調査）等に基づき，各世代の人々に按分する.

　さらに，将来における各世代の受益と負担構造については，現時点の現在世

代が享受している年齢別の受益と負担構造が将来も不変で維持されるものとする．このような前提のもとで，各世代の生涯にわたる受益と負担を割引現在価値として求め，世代ごとの生涯純受益（＝生涯受益－生涯負担）等を定量的に推計している．

　図表 12 では，60 歳以上の世代は生涯で 6,499 万円の受益超過，50 歳代の世代は 194 万円の受益超過である一方，40 歳代以下のすべての世代は生涯で負担超過となっている．30 歳代の世代は 1,732 万円の負担超過，20 歳代の世代は 1,880 万円の負担超過，将来世代は 5,223 万円の負担超過となっており，生涯での負担超過は若い世代ほど大きい．特に，60 歳以上の世代と将来世代を比較すると，生涯純受益の格差は 1 億円以上もあることが明らかになる．すなわち，世代会計は，社会保障制度や税制・公債発行などの個別政策のほか，財政政策の全体がどの世代に有利でどの世代に不利な効果を有するかを含め，世代間の公平性を定量的に評価するうえで有用な情報を提供する．

　では，このような世代間格差が発生する主な原因は何か．そもそも，こうした著しい格差は世代間の公平という観点で問題が多いが，それは，社会保障制度（年金・医療・介護）が賦課方式となっていることや，高齢化の進展で社会保障給付費が急増するなか，その安定財源が十分に確保できず，財政赤字で負担を将来に先送りしている財政の現状が大きく関係している．

　なお，世代会計は，制度改革での効率的な改善を除き，あらゆる世代の負担を改善する政策は理論的にありえず，世代間の負担に関するゼロ・サム的な性質を有することも明らかにする．というのは，債務の動学式である「今期の政府純債務＝－基礎的財政収支＋前期の政府純債務×（1 ＋金利）」から導出できるが，政府の通時的予算制約式において，各期の政府支出や税収を各世代に割り振ると，以下の関係が成立する．

　　現在世代の生涯純負担の総額＋将来世代の生涯純負担の総額＝政府純債務

　この式の右辺（政府純債務）は不変なので，世代間格差を是正するため，将来世代の負担を軽減するならば，現在世代が追加的な負担を増やす必要があることを示唆するが，それは世代間の生涯純負担に関するゼロ・サム的な性質を持ち，現在世代と将来世代との間や現在世代間といった世代間の利害対立を顕

在化させてしまうことを意味する.

　もっとも, 世代会計に対する批判や限界を指摘する意見もある. 例えば, バローの中立命題が成立する場合, 世代間の公平性を評価する世代会計の考え方は意味を持たなくなってしまう. なぜなら, すべての家計が合理的で子孫の効用を考慮し利他的であるならば, 現在世代よりも将来世代の負担増が予測できる場合, 現在世代が将来世代に遺産や生前贈与などを増やし, 負担増を相殺してしまうためである.

　しかしながら, バローの中立命題が完全に成立していると想定することは極端である. そもそも, すべての家計が同質的で異質性がないという前提は現実的ではなく, 子どもを持たない家計も存在し, われわれが子孫の効用を十分に考慮して行動しているとは限らないため, 将来世代の負担増を相殺するだけの生前贈与や, 遺産などを子孫に残さないかもしれない. このため, やはり, 世代会計は一定程度の説得力を持つ指標となる.

　この意味でも, これ以上の財政再建の先送りは許されず, 財務省は「2019年度予算の編成等に関する建議」(2018 年 11 月 20 日, 財政制度等審議会) において, 平成財政の総括として, 以下のメッセージを発信している (下線は筆者).

　平成時代の財政は, 長年の懸案とされていた消費税の導入の実現とともに始まった. 平成に入って実質的に初の編成となった平成 2 年度 (1990 年度) 予算では, 15 年もの歳月と多大な歳出削減努力を経て, 特例公債からの脱却が達成された. (略)

　しかし, 今や, その特例公債の発行額は平成 30 年度 (2018 年度) 当初予算ベースで 27.6 兆円にも及ぶ. 現在の世代のみが受益し, その費用の負担を将来世代に先送ることの問題点については今更多言を要しないが, 少子高齢化によってその深刻さは増している. (略) そして, 今年度末には平成 2 年度 (1990 年度) 末の 5.3 倍に当たる 883 兆円もの公債残高が積み上がり, 一般政府債務残高は対 GDP 比 238% に達しようとしている. 歴史的にみても, 足下の債務残高対GDP 比は, (略) 第 2 次世界大戦末期の水準に匹敵している.

　平成という時代は, こうした厳しい財政状況を後世に押し付けてしまう格好となっている. かつて昭和の政治家は戦後初めて継続的な特例公債の発行に至った際に「万死に値する」と述べたとされるが, その後先人達が苦労の末に達成した

特例公債からの脱却はバブルとともに潰えた一時の夢であったかのようである.

　より見過ごせないことは，平成 14 年（2002 年）から財政健全化に向けた出発点となる指標として掲げている 国・地方合わせたプライマリーバランスの黒字化という目標すら，15 年を超える歳月を経てもいまだ達成されていないことである.

　地球温暖化を含む環境問題について，所有権が存在せず，多数の主体がアクセス可能な資源が過剰に利用され枯渇するという「共有地の悲劇」が指摘されることがあるが，財政にもまた「共有地の悲劇」が当てはまる. 現在の世代が「共有地」のように財政資源に安易に依存し，それを自分たちのために費消してしまえば，将来の世代はそのツケを負わされ，財政資源は枯渇してしまう.

　悲劇の主人公は将来の世代であり，現在の世代は将来の世代に責任を負っているのである. 先人達や，新たな時代そして更にその先の時代の子供達に，平成時代の財政運営をどのように申し開くことができるのであろうか. （略）

　平成に入ってからの債務残高の累増要因の約 7 割は，社会保障関係費の増加及び税収の減少によるものであり，更に地方交付税交付金等における一般会計からの補填部分を含めれば，約 8 割を占める. わが国の社会保障制度は，国民自らが高齢や疾病等のリスクを分かち合い支え合うとの考え方の下，受益と負担の対応関係が明確な社会保険方式を基本としている.

　しかし，現実には保険料より公費への依存が増しており，しかも本来税財源により賄われるべき公費の財源について，特例公債を通じて将来世代へ負担が先送られているため，受益と負担の対応関係が断ち切られている. 負担の水準の変化をシグナルと捉えて受益の水準をチェックする牽制作用を期待できないまま，給付（受益）の増嵩が続いており，わが国財政の悪化の最大の要因となっている. （略）

　地方交付税交付金等については，そもそも地方交付税は，法定率分も含め，地域住民の受益を国民全体で負担する仕組みであり，地域で受益と負担の対応関係が完結しない. 特に国の一般会計による補填部分については，その増減自体が社会保障関係費の増加や税収の減少の影響も受けるが，特例公債を財源として負担が将来世代に先送られるため，受益と負担の結びつきは地域どころか世代を超えて断ち切られる.

　このように地方団体が住民と向き合って自主的・自律的に財源を調達するという理想的な姿から程遠い地方税財政の実情は，地方団体における財政規律を働きにくいものとし，地方の歳出歳入差額の増加圧力を通じて，その財源を補填する国の財政負担に影響をもたらしている. （略）より問題を根深くしているのは，

財政問題の解決には国民の理解が不可欠であるにもかかわらず，受益と負担の乖離が，国民が財政の問題を自らの問題として受け止めることを困難にし，財政問題の解決をさらに遠のかせてしまっているおそれがあることであり，憂慮に堪えない．新たな時代においては，財政健全化どころか一段と財政を悪化させてしまった平成という時代における過ちを二度と繰り返すことがあってはならず，手をこまねくことは許されない．

　上記の内容に筆者も異論はないが，この問題にわれわれはどう向き合っていくのか．「令和」という新たな時代では，われわれ一人一人が覚悟をもち，将来世代や若い世代に負担を先送りすることのないよう，財政再建の道筋をしっかりつけていくことが望まれる．

第8章
人口減少・高齢化と社会保障制度

駒村 康平

　急激な人口減少・高齢化社会のなかで，日本の社会保障制度は極めて厳しい状況に直面しつつある．特に医療や介護の需要が大きくなる75歳以上人口が急増する2025年，そして団塊ジュニア世代が退職し，現役世代人口の減少が加速する2040年頃がとりわけ深刻な状態になる．本章では，現在，日本が直面する人口構造の変化とそれが社会保障制度，年金制度に与える影響，必要な制度改革について考える．

1. 日本の人口の長期動向

1.1　長期の人口動態と人口転換
　2017年4月に公表された国立社会保障・人口問題研究所の人口推計によると，1）合計特殊出生率はやや回復し，2）寿命は今後も伸長し，高齢化率は，2065年で38.8%，総人口は2053年には1億人を下回ることが予想されている（図表1）．
　急激な人口構造の変化は，出生率の低下と寿命の伸長によってもたらされた．過去の人口推計では，1970年代前半には合計特殊出生率は2程度であり，平均寿命は男性75歳，女性80歳程度で止まると想定されてきた．例えば，1975年の人口推計によると，2050年には日本の人口は1.6億人に向かって増加を続け，高齢化率も2015年の17.7%がピークで，2025年の高齢化率を17.4%と推計していた．しかし，実際の出生率は1975年以降，徐々に低下し，平均寿命

図表1　長期の人口動向

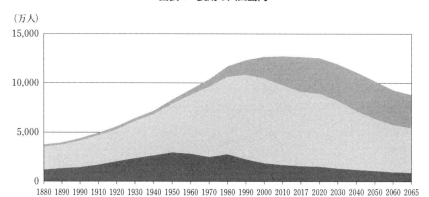

出典：国立社会保障・人口問題研究所（2017）『日本の将来推計人口』より筆者作成.

の伸長は続いた. そのため, 1980年以降, 人口推計は大きく見直され, 実際の2019年の高齢化率は28％となっている.

　特に深刻なのが, 少子化の影響である. わかりやすく出生数の変化でみてみると, 出生数は2016年には100万人を切り, 2050-60年頃には50万人となると推計されている. 他方, 合計特殊出生率2以上と想定した1975年の人口推計によると2050年での出生数は200万人程度とされていたので, その4分の1まで出生数は減少することになる（図表2）. これは長期にわたって合計特殊出生率が2を大幅に下まわり続けたことによる結果で, すでに親になる世代の人口が減少している以上, 出生率の少々の回復程度では出生数の大幅な増加は期待できない.

　さらに人口推計が大きく外れた原因は出生率・出生数だけではない. 寿命の見通しも短めに推計されており, 1980年の人口推計では, 男性の平均寿命は75歳, 女性は80歳にとどまる想定のもと, 65歳以上人口はピーク時で2,500万人, 高齢化率はせいぜい20％程度とされていた. しかし, 2017年人口推計では, 2065年には男性の平均寿命は85歳, 女性は91歳に達する見込みで, 65歳以上人口は2040年前後には3,900万人, 高齢化率は2065年には40％近

図表 2　出生数の長期変化

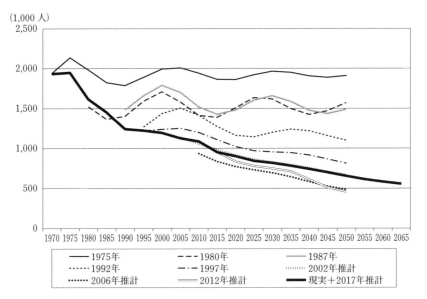

出典：国立社会保障・人口問題研究所（2017）『日本の将来推計人口』などを参考に筆者作成.

くに達すると推計されている.

　当面の人口数の変動に着目すると，2040 年後頃には，出生数は毎年 70 万人程度であるのに対し，毎年死亡者が 170 万人になるため，差し引き 100 万人の人口が自然減することになる.

　また図表 1 で年齢構成別人口数をみると，0 ～ 14 歳の年少人口は，減少し続けており，1997 年に老年人口を下回った後，2025 年には 1,196 万人，2050 年には 821 万人まで減少すると予想されている. 15 ～ 64 歳の生産年齢人口は，2005 年の 8,442 万人から減少し続け，2025 年には 7,096 万人，2050 年には 4,930 万人となる. 年齢構成をみると，65 歳以上の老年人口は，2005 年の 2,576 万人から急速に増加し，2012 年には 3,000 万人の大台に乗り，その後，約 3,900 万人でピークに達し，2050 年には 3,764 万人となる.

　この結果，0 ～ 14 歳と老年人口（65 歳以上人口）1 人を 15 ～ 64 歳の生産年齢人口何人で支えることになるか，すなわち「扶養率（扶養指数）」をみる

図表 3　扶養率の将来推計

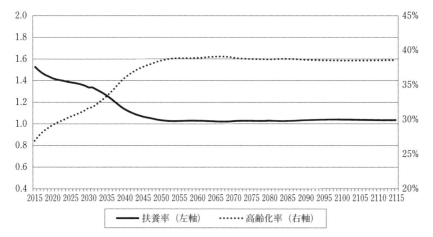

出典：国立社会保障・人口問題研究所（2017）『日本の将来推計人口』などを参考に筆者作成.

と，2015 年には 1.6，2050 年には 1 にまで減少することとなる（図表 3）.

1.2　世帯構造の将来推計

　次に世帯の状況についてみてみよう．2018 年 1 月に公表された「日本の世帯数の将来推計」によると，1) 今後の世帯数の減少，2) 単独世帯の割合の増加，3) 少人数からなる世帯の増加などが確認されている.

　国立社会保障・人口問題研究所の予測では，世帯総数は，2015 年で 5,333 万世帯が，2023 年には 5,419 万世帯でピークとなり，2040 年には 5,076 万世帯に減少するとしている．未婚率の上昇，出生率の低下，寿命の伸長により，少人数世帯が増加し平均世帯人員数は 2015 年の 2.33 から 2040 年には 2.08 人へ減少する．また世帯構成をみると，図表 4 で示すように 1985 年には 20% だった単独世帯は，2015 年で 34.5% となり，2040 年には約 39.3% まで増加し，全世帯の 4 割近くが単独世帯になる．逆にかつては 4 割を占めていた夫婦と子どもからなる世帯は 2015 年には 26.9%，2040 年には，23.3% に減少する.

　また世帯主年齢が 65 歳以上の世帯は，2015 年には 1,918 万世帯，2040 年に 2,242 万世帯となり，全世帯に占める割合は 2015 年の 36% から 2040 年の

図表 4　世帯類型の変化

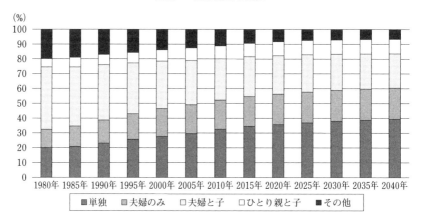

出典：国立社会保障・人口問題研究所（2018）『日本の世帯数の将来推計（全国推計）』（2018（平成 30）年推計）より筆者作成．http://www.ipss.go.jp/pp-ajsetai/j/HPRJ2018/t-page.asp

44.2% に上昇する．また世帯主年齢が 75 歳以上の世帯は，2015 年には 888 万世帯が 1,217 万世帯に増加する．

単独世帯になるかどうかは，未婚・死別・離別・有配偶といった配偶関係と配偶者以外の家族，親や子どもとの同居関係の影響を受けるが，今後の単独世帯の増加要因は未婚化である．2030 年には男性 50 〜 60 歳代の単身者の増加が著しいとされるが，これは現時点で低賃金等のため未婚である 40 〜 50 歳代の非正規労働者の将来を示している．今後，20 年単位でみると，所得水準が低く家族もいない高齢単身者が急増することになる．すなわち社会保障制度と代替関係である家族の扶養力も急激に低下することになる．

2.　社会保障制度の動向

第 1 節では人口減少，高齢化，世帯規模の縮小など人口・世帯の状況と将来の見通しを整理した．本節では社会保障制度の概要とその将来推計について紹介する．

2.1　社会保障制度と社会保障給付費

　社会保障制度は，大きく年金，医療，介護，生活保護，児童福祉，障害者福祉，労働保険（雇用保険，労災保険）等のその他福祉から構成されている．

　2018年時点で社会保障給付費は総額121兆円（社会保障移転113兆円）に達しており，国民総生産の2割以上となり，その負担と給付は政府を通じて企業，家計など日本経済にも大きな影響を与えている．

　さらに財源構成を詳しくみると図表5のように社会保険料と資金運用収入等特別会計分が7割程度で，国と地方が負担する税財源が3割程度をまかなっている．

　以上，社会保障の給付と財源構成をまとめると，給付面では年金，医療，介護といった主に高齢者向け給付が大半を占めている．負担面についてみてみよう．図表5のようにサラリーマン等が加入する厚生年金や健康保険の財源はほぼすべて社会保険料がまかなっている．他方で国民健康保険といったサラリーマン以外が加入する社会保険の給付は，社会保険料と税負担でまかなわれている．また基礎年金，介護保険，後期高齢者医療制度などの高齢者向けの社会保険給付も社会保険，国，地方が分担している．さらに児童・障害者福祉，児童手当，生活保護といった福祉制度は国と地方の税収が財源になっているが，国と地方自治体の負担割合は各制度によってさまざまである．この違いによって，類似の社会サービスが複数の制度に存在する場合，財政負担の差から市区町村等が利用者に勧めるサービスにバイアスを発生させることもある[1]．

　社会保障給付費の増大およびそれに伴う公費の増大は，他の政策的経費を圧縮し財政の硬直化を招くことが指摘されている．また，財政支出増大の原因になっており，国民に増税や社会保険の引き上げを行わずに公債発行により財源を求める場合，将来の現役世代の負担が過重なものとなる可能性がある．

1）65歳以上の障害のある高齢者は，介助サービスとして，障害福祉と介護保険のいずれかを受給することができる．制度上は，介護保険優先原則があり，介護保険サービスに該当するサービスがあれば介護保険サービスが優先され，サービスに不足や介護保険サービスに相当するサービスがない場合等は，障害福祉サービスを利用することができる．

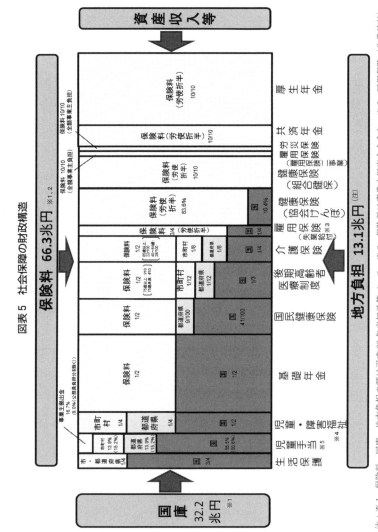

図表5　社会保障の財政構造

注：※1　保険料、国庫、国庫負担、地方負担の額は平成28年当初予算ベース。※2　保険料は事業主拠出金を含む。※3　雇用保険（失業給付）
については、当分の間、国庫負担額（1/4）の55%に相当する額を負担。※4　児童・障害・障害等の措置費の負
担割合は、原則として、国1/2、都道府県・指定都市・中核市・児童相談所設置市1/2等となっている。※5　児童手当については、
平成28年度当初予算ベースの割合を示したものであり、括弧書きは公務員負担分を除いた割合である。
出典：財務省ホームページ、https://www.mof.go.jp/comprehensive_reform/setsumeikoro.pdf

2.2　2025 年と 2040 年の社会保障制度

　上記で述べたように，日本の人口構造と社会保障制度を中長期的に展望した場合，2 つの重要な時期がある．まず団塊の世代が 75 歳に到達する 2025 年である．要介護リスクが高く，平均医療費が大きい 75 歳以上の人口が急増することは医療・介護の給付を増加させ，福祉・介護分野の労働需要が急増することを意味する．その次は労働不足の影響がより深刻になってくる 2040 年以降である．1970 年代半ば以降，出生数が減少した結果，労働人口は継続的に減少しているが，2040 年には，いよいよ人口の多い団塊ジュニア世代が 65 歳に到達し，退職し始めるため，労働力が大幅に減少する．

　2018 年 5 月の経済財政諮問会議で示された社会保障給付費の見通しによると，団塊の世代が 75 歳に到達する 2025 年には，社会保障給付費は約 140 兆円，2040 年には約 190 兆円に接近すると見込まれている．

　しかし，2040 年の社会保障給付費約 190 兆円は過小推計となるかもしれない．まず医療・福祉労働者の確保が今後ますます困難になるという点である．現在，全労働者の 13% が医療・福祉分野で働いているが，2040 年には全労働者の 18% が医療・福祉分野で働く必要がある．経済財政諮問会議の見通しは，介護労働者の一定の賃金上昇を織り込んでいるが，それでは不十分と考える．高齢者の増加に応じて介護労働の需要が増える一方で，2040 年以降は労働人口が大きく減少する．したがって福祉・介護分野の労働者を確保するためには，介護労働をより魅力的な仕事にする，つまり相対的に賃金をかなり引き上げる必要がある．こうした賃金上昇は当然，社会保障給付費を想定以上に膨らませる．また，2018 年 5 月の経済財政諮問会議の社会保障給付費の将来見通しでは，技術革新で介護分野の省力化が進むことも想定しているが，介護分野での技術革新は見通しはまだ十分にたっていない．さらに健康増進，介護予防の促進などで，高齢者の通院回数，要介護率が抑制され，在宅医療や在宅介護の推進により，入院期間が短縮され，医療費や施設介護の給付を抑制できるという想定も社会保障給付費約 190 兆円の前提となっているが，これもやや希望的な要素でもあり，根拠が曖昧である．

　他にも公的年金給付が GDP に占める割合は，高齢化率が増加するにもかかわらず逆に低下することになっている．これは，高齢化率等の上昇に連動して，

一人当たりの年金水準を引き下げるために導入されたマクロ経済スライドによって，厚生年金水準は 18% 程度，国民年金（基礎年金）水準は 28% 程度（対賃金上昇率で評価した場合）低下することが想定されているからである[2]．

　なお，経済財政諮問会議の見通しでは，子どもの数は減少するにもかかわらず子ども向けの給付費（対 GDP 比）は増加するとされている．これは，前提として有配偶女性の労働力率が大幅に上昇するため，保育需要が比較的コストの低い幼稚園からコストのかかる保育所，認定こども園にシフトする影響を考慮していると思われる．

3. 年金財政の見通しと必要な改革

　年金制度は社会保障給付費の半分を占め，個人にとっては老後の生活費の中心を占める．その財政構造は世代間所得移転方式，すなわち賦課方式であり，高齢化の影響を受けやすい．年金制度改革は，1）老後所得保障としてふさわしい給付水準を保障しているのか（給付十分性），2）財政の持続可能性が維持できているのか（財政の持続可能性），3）将来世代に過大な負担を押しつけることになっていないか（世代間の公平性），が重要な評価基準になる．

3.1　2019 年年金財政検証の展望

　公的年金制度は，2004 年年金改革以降，おおむね 5 年間隔で見直される国立社会保障・人口問題研究所の将来人口推計に連動して，5 年ごとに財政の持続可能性を検証する「財政検証」が行われることになっており，2009 年，2014 年，2019 年に「財政検証」が行われた．2019 年の財政検証は，男性の厚生年金の支給開始年齢が 65 歳になる 2025 年以前の年金財政検証としては，実質的に最後のもので，極めて重要である．財政検証では，年金財政の持続可能性が検証され，持続可能性に問題があれば必要な改革が行われることになっている．ここでの年金財政における持続可能性とは，1）保険料（率）は 2017 年以降，実質固定しつつ，2）100 年後に積立金は 1 年分保有し，3）所得代替率

　2）マクロ経済スライドについては，駒村（2014）を参照せよ．

図表6　年金財政の均衡

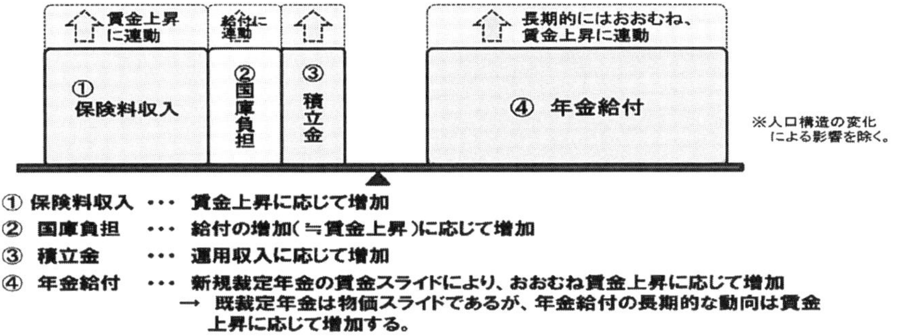

出典：厚生労働省（2019）『2019 年年金財政検証』より引用.

は 50% を維持する，といった条件を満たすことである．この条件を満たすことは，図表6が示すように 100 年間で年金財政の資産（保険料収入，国庫負担，積立金）と債務（年金給付）が均衡していることを意味する．

　2019 年の財政検証は 2019 年 8 月に厚生労働省から報告された．2019 年年金財政検証では，2017 年に公表された人口推計をベースに，6 通りの経済前提に基づく推計が行われた．また現行制度にもとづく財政検証に加えて，さまざまな制度改革を行った場合の効果なども確認するオプション推計も行われた．

3.2　6 通りの経済前提：全要素生産性，労働力率の見通し

　長期の経済成長は資本形成，労働力，生産性の上昇によって左右される．年金財政検証では，100 年間の経済前提をおく際に，労働力と全要素生産性の上昇について，いくつかの想定をおいてシミュレーションが行われた．

　年金財政を維持するためには，一定の経済成長が必要になる．今後も長期の資本形成，労働力は減少傾向になるため，経済成長のためには全要素生産性の向上が重要になる．全要素生産性とは技術革新による生産性などの上昇を意味し，高度経済成長あるいは 1980 年代は高かったが，次第に低下している．全要素生産性については，高，中，低の 3 通りの上昇が想定され，労働力率には，現状維持，やや上昇，上昇の 3 通りの想定がされた．

3.3　財政検証の結果

　財政検証で注目されるのが，年金の所得代替率，すなわち年金水準の動向であり，これに大きな影響を与えるのがマクロ経済スライドとその適用期間である．すでに説明したようにマクロ経済スライドとは，高齢化率の上昇率分だけ，年金の給付水準を抑制する仕組みである．マクロ経済スライドの大きさは，標準的には年1%程度であり，これが何年間適用されるのかで，今後の年金水準は大きく左右される．

　前回2014年の財政検証では，マクロ経済スライドがデフレ期に適用されなかったため，2004年のマクロ経済スライド導入以降，年金水準が実質的に高止まりし，将来世代に財政負担のツケが回されることになるという問題が明らかになった．このため，インフレ期で，デフレ期に停止していたマクロ経済スライドを繰り越して，まとめて適用する「キャリーオーバー」の仕組みが導入された．

　2019年の財政検証において，経済成長，労働力率の標準的なケースとされるケース3では，マクロ経済スライドが2047年まで適用され，所得代替率[3]は2019年で61.7%が2047年に50.8%に低下する，すなわち18%（＝100%−82%（＝50.8/61.7））程度低下することが想定されている（図表7）．

　このうち，基礎年金の所得代替率は36.4%（2019年）が26.2%（2047年）と28%（＝100%−72%（＝26.2/36.4））低下する．

　他方，全要素生産性の伸びが低く，経済成長が低く，労働力の上昇が一定想定されたケース4，ケース5ではモデル年金の代替率は50%を下回り，さらに実質経済成長がマイナスになるケース6では，代替率は40%を下回ることと見込まれる．

　このように年金財政の健康診断とされる2019年の財政検証で，6ケースのうち50%を維持できるケースが3，維持できないケースが3となり，年金の財政状況は「要経過観察」という状態であるが，とりわけ基礎年金の劣化は極めて大きな問題である．

　基礎年金の給付水準が厚生年金（報酬比例部分）よりも大きく低下する理由

3）40年間平均な賃金で働いた夫と40年間専業主婦（3号）であった夫婦のモデル年金額とその夫婦が65歳になった時点での正規労働者の手取り賃金の平均額の比率で表記される．

図表 7　所得代替率と年金給付水準，年金額の見通し

	全要素生産性	労働力率	実質経済成長率	物価上昇率	賃金上昇率	モデル年金の所得代替率	モデル年金給付水準変化率[注]	基礎年金の所得代替率	基礎年金給付水準変化率[注]	厚生年金の所得代替率	厚生年金給付水準変化率
2019 年						61.7	100%	36.4	100%	25.3	100%
ケース1	1.3	労働参加が進む	0.9	2.0	1.6	51.9	84%	26.7	73%	25.2	100%
ケース2	1.1	労働参加が進む	0.6	1.6	1.4	51.6	84%	26.6	73%	25	99%
ケース3	0.9	労働参加が進む	0.4	1.2	1.1	50.8	82%	26.2	72%	24.6	97%
ケース4	0.8	労働参加が一定程度進む	0.2	1.1	1.0	46.5	75%	23.4	64%	23.1	91%
ケース5	0.6	労働参加が一定程度進む	0.0	0.8	0.8	44.5	72%	21.9	60%	22.6	89%
ケース6	0.3	労働参加が進まない	-0.5	0.5	0.4	36-38	—	—	—	—	—

注：2019 年の所得代替率を 100% にして各ケースの変化率を計算した．
出典：厚生労働省『2019 年年金財政検証』より筆者作成．

は，前述の通り 2004 年年金改革以降，特例水準やマクロ経済スライドが実施され基礎年金の給付水準が高止まりし，結果的に国民年金の財政が悪化したためである．100 年間の年金財政の均衡は，国民年金，厚生年金それぞれに維持される必要があり，年金財政が比較的安定している厚生年金ではマクロ経済スライドを比較的短期間適用すれば，財政均衡が維持できるが，国民年金はマクロ経済スライドを長期間適用しないと財政均衡を達成できない．

　基礎年金の給付水準の低下は，基礎年金のみの受給者である国民年金 1 号，3 号被保険者や年金に占める基礎年金の比重が高い低賃金労働者にとってはダメージが大きい．図表 8 の賃金水準別の年金水準の将来見通しをみると，モデル年金に相当する中位層（49.3 万円）では，代替率は 18%（＝100%−82%（＝50.8/61.7））低下しているが，高所得層（76.8 万円）では 15%（＝100%−85%（＝39.4/46.1））低下，低所得（22 万円）では 22%（＝100−78%（＝76.4/98.1））低下，となっており，低所得層ほどマクロ経済スライドによる給付水準の低下が大きいことがわかる．

　本来は，2004 年年金改革で想定されたように基礎年金，厚生年金ともに同じ割合で低下すること，つまり水平に低下することが望ましい（図表8）．その

図表8　賃金水準別のマクロ経済スライドの影響

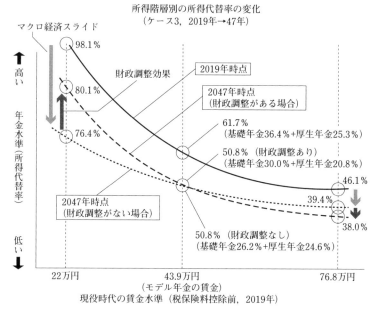

所得階層別の所得代替率の変化
（ケース3，2019年→47年）

出典：駒村（2019）より引用．

具体的な方法としては，国民年金と厚生年金間での財政調整を行うという方法もある[4]．

　今後，マクロ経済スライドにおける逆進的な効果をどのように軽減するか，基礎年金の給付水準の低下を抑制するかが大きな課題になる．

3.4　オプション推計

　年金財政の状況を改善する政策選択肢として，1) 非正規労働者・短時間労働者への厚生年金適用拡大，2) 国民年金・基礎年金の加入期間45年への延長，3) 65歳以上の在職老年年金の見直し，等の影響が推計された．図表9はオプション推計をまとめたものである．

4）駒村（2019）参照．

図表 9　オプション推計

	年金改革の オプション	モデル 年金の所 得代替率	厚生年金 の所得代 替率	基礎年金 の所得代 替率	厚生年金 給付水準 変化率[注]	基礎年金 給付水準 変化率[注]
モデル年金（2019）参考		61.7	25.3	36.4		
ケース 3		50.8	24.6	26.2	100%	100%
厚生年金の適用拡大人数（小）	125 万人	51.3	24.5	26.8	100%	102%
厚生年金の適用拡大人数（中）	325 万人	52.0	24.4	27.6	99%	105%
厚生年金の適用拡大人数（大）	1050 万人	55.6	23.7	31.9	96%	122%
45 年加入	20-64 歳国民年 金（基礎年金）， 厚生年金加入	57.6	27.6	30.0	112%	115%
在職老齢年金	見直し	50.6	24.4	26.2	99%	100%
在職老齢年金	廃止	50.4	24.2	26.2	98%	100%

注：厚生年金・基礎年金の給付水準変化率とはケース 3 の厚生年金・基礎年金の所得代替率（2047 年）を 100%
として，そこからどの程度変化したかを示している．
出典：厚生労働省『2019 年年金財政検証』より筆者作成．

1) 非正規労働者等への厚生年金の適用拡大

　非正規労働者等への年金拡大は，図表 9 で示すように，対象企業の従業員規模，対象の最低賃金，労働時間等について，1）小規模（125 万人拡大），2）中規模（325 万人拡大），3）大規模（1050 万人拡大）の 3 通りの拡大効果の影響が推計された．

　非正規労働者等への厚生年金の適用拡大は，財政構造が不安定な国民年金から加入者を厚生年金に動かすことで国民年金の財政を安定化させる効果がある．その結果，基礎年金のマクロ経済スライドの適用期間が短縮され，基礎年金の給付水準を引き上げる効果があることが確認されている．

2) 国民年金・基礎年金・厚生年金の加入期間を現在の 45 年に延長した場合の効果

　現在，国民年金の加入期間は 20 歳から 60 歳までの 40 年間とされている．年金支給開始年齢は 65 歳であることから，60 歳から 65 歳までの間は，年金の保険料を支払うことも受給することもない空白期間となっている．1959 年に国民年金制度が設立された際に，さまざまな年金加入年数と年金支給開始年齢の組み合わせが，財政制約のもと議論された．35 年加入，40 年加入，45 年加入としてその加入期間と財政的に整合性がとれるように 60 歳支給，65 歳支

給という支給開始年齢の組み合わせが検討された．最終的には 45 年加入は困
難ということになり，「40 年加入，65 歳支給，定額給付（2019 年給付額は約
6.5 万円）」という現行制度が成立したが，他方で結果的に 60 歳から 65 歳まで
の期間，5 年間は空白期間ということになった．しかし，その後，国民年金制
度創設時に比べて，寿命は大幅に長くなり，財政状況は厳しくなった．寿命の
伸長分だけ，年金加入期間を長期化しないと財政不安定性が高まるため国民年
金の加入期間の延長は当然必要になる．

　オプション推計では，国民年金・基礎年金・厚生年金の加入期間を 20 歳か
ら 65 歳までの 45 年にすることにより，マクロ経済スライドを短縮でき，基礎
年金の給付水準は 15% 改善することが確認されている．また加入期間が長期
化することになり，その分，年金水準，年金額が上昇することになる．

3）60 歳代後半の就労継続の推進

　2025 年には男性の厚生年金支給開始年齢は 65 歳になる（女性は 2030 年，
厚生年金第 2 号，第 3 号，第 4 号被保険者，すなわち共済年金加入者は男女と
も 2025 年から 65 歳支給）．今後も高齢化が続くことを考慮すると高齢者の労
働率の引き上げは労働人口を確保するという点から重要である．年金は高齢者
の就業意欲に大きな影響を与える．

　したがって，2025 年までには 65 歳までの継続雇用の整備が重要である．加
えて，個人にとって，マクロ経済スライドの影響を軽減する方法としては，繰
り下げ受給が選択肢になるが，その場合は，65 歳以降の継続就業も必要になる．

　政府も，労働力不足や長寿社会に備えて 70 歳まで就労できる社会を目指し
ているが，年金面からも 65 歳以降の継続就労は重要になる．しかし，ここで
課題となるのが，65 歳以降も就労すると在職老齢年金の対象になり，賃金水
準によっては年金額が削減されるという，在職老齢年金の支給停止の問題があ
る．さらに 65 歳以後の在職老齢年金は繰り下げ受給の障害にもなる．繰り下
げ受給を選択しても，1）在職老齢年金で支給停止された部分は繰り下げるこ
とはできない，2）加給年金が停止されることがあるなどから，繰り下げ受給
のメリットは小さくなる．したがって，将来的に 70 歳現役社会を目指してい
く場合，65 歳以降の在職老齢年金の廃止は重要な選択肢になる．この一方で，

1) 65 歳以降の在職老齢年金が就労意欲を奪うという効果は確認されていない，2) 65 歳以降も継続就業できる人が賃金に加えて満額の厚生年金を受け取ることで，より格差が拡大するのではないか，3) 65 歳以降の在職老齢年金を廃止すると年金財政支出が 4,000 億円（2015 年時点）で増加することから，マクロ経済スライドが長期化するということが確認された（図表 9）．オプション推計では，在職老齢年金の廃止や対象者を縮小する改革による効果も検証された．

4．マクロ経済や地方経済への影響

　年金の給付水準の低下はマクロ経済にも影響を与える．政府見通しによると年金給付額が GDP に占める割合は現在の 10.1% から，2040 年には 9.8% まで低下するとされるが，高齢者の生活費はほとんどが公的年金に依存しているため，公的年金の低下は，人口の 3 ～ 4 割を占める高齢者の消費が低下することを意味する．特に高齢化が進み，年金に依存している地方経済には深刻な影響を与えることになる．

5．今後の所得保障の課題

　マクロ経済スライドが 2040 年の高齢者，すなわち団塊ジュニア世代の老後の生活にどのような影響を与えるであろうか．人生の大半で経済成長を経験した団塊の世代とバブル崩壊以降に社会に出て，ほぼ人生にわたって低成長経済，デフレ基調経済を経験した団塊ジュニア世代の老後の準備状況は全く異なる．
　専業主婦世帯が中心で，多くが正社員を経験し，年功賃金のもと，持ち家率の高い団塊の世代は，個人差はあるものの全体としてはそれなりに老後資産を蓄積している．これに対して，団塊ジュニア世代は，未婚率が高く，非正規労働者が多く，厚生労働省の示す 40 年厚生年金に加入し専業主婦世帯というモデル世帯からかけ離れた世帯が多い．加えて非正規労働者は年金の未納率も高く，持ち家率も低迷している．すでに団塊ジュニア世代は 40 歳代半ばになってるのに，資産形成，老後準備は不十分である．
　2019 年の年金財政検証では，マクロ経済スライドは 2047 年（ケース 3）ま

で適用されることになっており，団塊ジュニア世代は年金水準が低下し終わった状態で退職することになる．2040 年以降に団塊ジュニア世代に多くの貧困高齢者を生まないためには，非正規労働者等へ厚生年金を適用し，基礎年金と厚生年金の双方を受給できるようにすべきである．

6.　公私年金一体改革

　多くの先進国は 2000 年代前半に大がかりな公的年金改革を行っている．図表 10 は世界銀行による各国専門家に対する優先すべき年金改革のアンケート結果である．1）各国とも「財政的安定性」の確保を目指して，公的年金の給付水準を大きく下げている．しかし，2）これにより低所得者の生活が成り立たなくなることを避けるために，最低所得保障の仕組み（低所得者の老後所得保障の拡充）を導入している，また 3）増加する非正規労働者への年金適用の強化（労働者保護の改善）や，4）年金を支える経済成長の促進，5）公的年金の給付水準を補うための私的年金の拡充と金融市場の発展，を行っている．
　こうした諸外国に比較すると，日本は，公的年金の給付水準の低下についての国民への周知が不十分であり，1）と 5）の連携，すなわち低下する公的年金の給付水準を私的年金が「補完」するという位置付けの「公私年金連携」の改革が遅れた．
　今後，個人型確定拠出年金（iDeCo ＝イデコ）の制度拡充，特に加入期間を65 歳まで広げる課題や NISA の恒久化は必要となるが，そこでも私的年金，老後資産形成の位置付けを従来通りの公的年金の「上乗せ」にするのか，それとも「補完」にするのかという点が曖昧であり，税制上の優遇の根拠が不明瞭となっている．例えば NISA を恒久化するならば，公的年金水準の低下を補完する老後所得保障の手段として明瞭にし，引き出し制限をどの程度強化するのかといった点も含めて，早急に税制上の優遇を巡る議論を進める必要がある．
　特に年金の給付水準の低下が危惧される団塊ジュニア世代を想定すると，iDeCo と NISA を最大限使えば年間 70 万円程度拠出でき，20 年間で 1,400 万円を拠出し，それを 3％の利回りで運用できれば 2,000 万円の老後資産を形成できるので，2040 年に老後の準備がぎりぎり間に合うことになる．もちろん，

図表10　2000年前後の諸外国の年金改革の目標

何を改革の目標にしたか（各国専門家の回答）

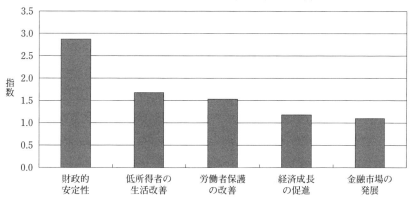

出典：駒村（2014）より引用.

基礎年金の給付水準の低下の影響を大きく受ける低所得者，生活の余裕があまりない非正規労働者，中小零細企業の労働者への配慮には工夫が必要になろう.この点については，ドイツのリースター年金を参考に，低所得者に対しては本人の私的年金保険の拠出額に同額の補助金をつけるなどの支援策も考えられる.

7.　まとめ——高齢化社会における社会保障制度の課題

7.1　制度横断的な視点

　2040年の社会保障制度を展望すると，マクロ経済スライドによって年金給付水準は低下し，加えて医療・介護の保険料や窓口負担が大幅に引き上げられであろう.さらに医療保険の診療報酬，介護保険の報酬の上昇が高齢者の負担増になることも考慮すると，高齢者の所得水準，実質的な年金水準はかなり大きく低下することになる.特に2040年以降に引退する団塊ジュニア世代には極めて深刻な影響を与える可能性があり，この世代の生活保護受給者が急増する可能性がある.

　将来世代の不安を取り除くためには，年金，医療，介護，福祉，労働と制度別ではなく，社会保障制度を制度横断的に考えた将来像を示す必要がある.

図表 11　今後の公的年金と就労，私的年金の関係

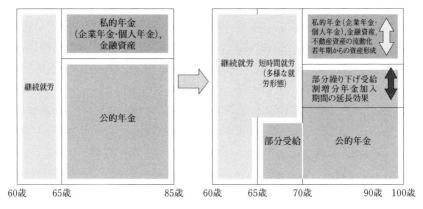

出典：著者作成.

7.2　2040 年の社会保障制度と団塊ジュニア世代以降の老後

　2040 年に高齢者になる団塊ジュニア世代への対応については，1) 退職年齢を遅くし，60 歳代後半まで多くの人が働けるようにするべきである．さらに 2) 公的年金の給付水準の低下を相殺するために企業年金，個人年金の普及を図り，例えば英国の NEST（国家雇用貯蓄信託）を参考にし，企業年金が用意されていない企業に勤める労働者は原則，個人年金に強制加入とし，その資産運用も若い時期にはハイリスク・ハイリターンとなるようなターゲット・デート・ファンドの購入を推奨すべきである．

　図表 11 は今後の公的年金，私的年金，65 歳以降の就労収入を組み合わせた年齢別の収入源の概念図であるが，65 歳から 69 歳は，部分的に就労継続し，公的年金は一部受給し，一部は繰り下げ受給し，70 歳以降は，私的年金と繰り下げ増額した公的年金を受給する，という将来の高齢者のイメージ像を示している．

　加えて，3) 公的年金に加えて低所得高齢者向けの住宅手当を用意し，借家の低所得高齢者が生活保護に流れ込むことを抑制し，加えて要介護高齢者でも賃貸住宅を利用できるように住宅市場における低所得高齢者支援や低価格での介護付き賃貸住宅を普及すべきである．

4）在宅医療，在宅介護の拡充も重要である．持ち家世帯であっても，要介護になると在宅医療や在宅介護だけでは在宅での生活は難しくなる．買い物，通院，銀行に行くなどの介護保険外の日常生活サービスの需要はますます広がるが，高齢者は認知機能の低下が進むため，そうした生活サービスの利用自体が難しくなる．したがって，ケアマネージャーや地域密着型の企業（例えば地域金融機関）や地域の組織（例えば社会福祉協議会やNPO）によるサービス利用支援を充実する，といったことが必要になるであろう．

　以上のように社会保障制度を制度横断的に改革し，高額年金受給者に対する基礎年金のあり方を見直し[5]，低年金高齢者に対する医療・介護保険料，自己負担の大幅負担軽減などを行い，公費財源を低所得者に集中するような工夫は不可欠である．

参考文献

厚生労働省（2014）『2014年年金財政検証レポート』．
厚生労働省（2019）『2019年年金財政検証レポート』．
駒村康平（2014）『日本の年金』岩波書店．
駒村康平（2019）「年金財政検証　見えた課題（下）基礎年金の劣化回避が急務」『日本経済新聞』2019年9月19日朝刊．

5）基礎年金の財源の2分の1は国庫負担であり，高額年金受給者の基礎年金にも国庫負担分で財源が調達されている．

日本経済政策学会便り

〈2019 年度第 76 回全国大会〉
大会テーマ「地域創生，そして日本創生へ」
開催日時：2019 年 6 月 1 日（土），6 月 2 日（日）
開催場所：城西大学
○特別講演　奈良澤由美「文化の破壊，再生，そして創生へ－ヨーロッパと地中海のはざまのマルセイユから考える」
○会長講演　柳川隆
○共通論題「地域創生，そして日本創生へ」
　谷口眞司「地方創生に向けた財務局の取り組み」
　末永國紀「近江商人の陰徳善事という地域貢献」
　石坂典子「見せる五感経営とは－地域固有の自然と人と技術をつなぐ－」
　上山信一「これからの都市経営－大阪，東京，新潟での経験を手掛かりに－」
　パネルディスカッション　モデレーター　飯田泰之
　パネリスト　谷口眞司・末永國紀・石坂典子・上山信一
○特別セッション　野尻武敏先生：メモリアルセッション
　司会　永合位行　　挨拶　柳川隆
　講演　福田敏浩「野尻武敏先生－人と学問－」
○自由論題
2A　市場分析　座長　村上亨
　小橋晶「Durable Goods Duopoly and Durability Choice」
　西川浩平「訪日外国人の消費行動に関する分析：モノ消費からコト消費へのシフトに着目して」
　内野善之「新たな地域経営手法としての「日本型シュタットベルケ」の構築」
2B　地域経済Ⅰ　座長　宮田由紀夫
　諸賀加奈・永田晃也「地域イノベーションを実現するためのエコシステム形成要因に関する検討」
　笠原弘義「地方創生のコア経済政策としての投資」
　田村正文「地域経済における企業誘致とイノベーション創発に関する考察」
2C　労働　座長　永冨隆司
　田中喜行「What Prolongs the Duration of NEET Status for Youth?- Evidence from Japanese Panel Data」
　竹澤秀平＊「労働組合の交渉力が労働投入量削減投資の誘因に与える影響」
2D　国際経済　座長　谷口洋志
　齋藤雅己・Bui, Minh-Tam Thi・三浦留美・柴田有祐・末永啓一郎「Returning and Fragmented Flying Geese and Intra-regional Agglomeration: Location Shifting of Japanese Multinational Corporations and Its Effects on the Electric Value Chains of ASEAN Economies」
　連宜萍「自由貿易体制の揺らぎが台湾企業の海外直接投資に与える影響」
　國本康寿「タクシン政権以降のタイの経済成長戦略と「グッドガバナンス」－タイ型資本主義社会の在りようとは－」
2E　教育　座長　土井康裕
　村田慶「児童手当の使途と教育格差－出生率と人的資本蓄積からの考察」
　黒木宏一・下田真也「経済学部教育における PBL は社会人基礎力のどのような要素を涵養すべき

　　か：九州産業大学経済学部「実践企画演習」からの一検討」
3A　エネルギー政策　座長　木下信
　　花田真一「電力自由化が住宅のエネルギー利用に与える影響」
　　秋山健太郎「次世代エネルギーシステム構築に向けて－持続可能性，経済性，安定性を目指して－」
　　王佳星「エコカーを普及させるために：世帯属性と車種選択に関する分析」
3B　地域経済Ⅱ　座長　永合位行
　　萩原史朗「A theory of the construction of public facilities under the municipal consolidation」
　　石田幸男＊「ふるさと納税制度が抱える問題に関する一考察」
3C　産業政策（広義）　座長　千田亮吉
　　前田章「生産技術進歩の受容性と阻害要因に関する一考察」
　　高木聡一郎「A Literature Survey on the Economic Impact of Digital Platforms」
3D　公共政策　座長　小澤太郎
　　黒川清登「Impacts of NHK Television Drama Series to Reginal Economy - Lessons learned from Iwamoto Town, Ena City, Gifu prefecture -」
　　劉兆媛＊・田中秀幸「地方計画から見る英国地方自治体のエビデンス利用」
3E　経済政策　座長　酒井邦雄
　　永井四郎「アダム・スミスの市場観と現代経済学」
　　川島秀樹・後藤浩士・林勝裕「公立病院の統合問題と産業連関表による経済効果」
　　北島浩三＊「兼業は離農を抑制するのか，離農を促進するのか－間接効用関数を用いた離農・離村条件の確定－」
4B　人口・保健　座長　権丈英子
　　山下隆之・塚本高士「階層的都市構造と経済的背景からみた日本の地域間人口移動」
　　加藤巌「発展途上国の高齢化の進行に関する考察」
　　桶本秀和「規制政策における専門知識の影響－神奈川県と兵庫県の受動喫煙防止条例を事例として－」
4C　防災・復興　座長　前田章
　　飯塚智規「地域防災は地方創生に寄与できるのか－地区防災計画制度からの考察－」
　　鳥飼行博「東日本大震災復興政策の問題点－インフラ復旧による地域創生の困難さ－」
4D　産業分析　座長　佐竹光彦
　　松本和幸「わが国の開業率統計と統計機構再建について」
　　松田麟太郎＊「日EU貿易と日本の比較優位：顕示比較優位指数に基づく分析」
4E　企画セッション「地域保健医療政策」　座長　真野博・堀由美子
　　染谷成美＊・内田博之・堀由美子・庭田文近「埼玉県市町村別にみた年齢区分別の人口割合，男性人口割合の地域格差」
　　中里見真紀・関口祐介・古屋牧子・井口毅裕・井上雄介・真野博「地域連携による住民への健康・食育政策」
　　加藤勇太・斎藤雅文・君羅好史・荒井健・清水純・真野博「保健・医療政策のための「日本人の食事摂取基準」の活用方法の検討」
注：＊印は学生会員であることを示す.

〈2019 年度第 18 回国際会議〉
The 18th International Conference of the Japan Economic Policy Association
　　The Main Theme: "Global Economy after 2020: Emerging Economies, Growth and Population"

Date: November 16 (Sat.) - 17 (Sun.), 2019
Host: Chuo University
Place: Tama Campus, Chuo University, Tokyo, Japan

○PLENARY SESSION 1

Theme: "Emerging Economies" Chair: Yoji TANIGUCHI

Hirofumi WATABE "Trends in Environmental Protection Mainly by Wildlife Protection"

Yusaku NISHIMURA "Development of China's "New Economy" through Economic Growth Policy Driven by Innovation"

Tran Tho DAT "Vietnamese Economy after 2020"

○PLENARY SESSION 2

Theme: "Growth and Population in Emerging and Advanced Economies" Chair: Tomoko KINUGASA

Xin YUAN "Demographic Transition and Economic Miracles in China: Focus on the Demographic Dividend"

Hisakazu KATO "Does a Relationship between Fertility and Labor Participation of Women Really Exist?: Perspectives from Time Series Analysis"

○SPECIAL LECTURES 1

Theme: "Financial Economy after 2020: Non-Traditional Monetary Policies and their Effects" Chair: Naotsugu HAYASHI

Yutaka HARADA "Non-traditional Monetary Policies and their Effects on the Economy"

Willem THORBECKE "Non-traditional Monetary Policies and the Future of the Financial Industries"

○REGULAR SESSION

Session 1A: Theory of Economic Policy Chair: Kentaro TACHI

Paul Owusu TAKYI "Monetary Policy and Financial Exclusion in an Estimated DSGE Model of Sub-Saharan African Economies"

Kritsanee PISITSUPAKUL "The Role of Housing in Monetary Policy Effect on Household Consumption"

Qing LIU "Skill Premium and Preferential Policy: The Case of China"

Session 2A: Public Finance and Fiscal Policy Chair: Mizuki NAKAMA

Nora Dwi Prasasti ASIH*, Ranjith IHALANAYAKE, Nada KULENDRAN "Assessing the Effects of Corporate Income Tax on Foreign Direct Investment in Southeast Asia"

Minoru HAYASHIDA, Ryoichi NAMBA, Hiroyuki ONO, Masaya YASUOKA* "Consumption Tax and Productive Government Expenditure in DSGE Model"

Session 4A: Growth, Development and Population Policy Chair: Kunio SAKAI

Akira SHIMADA "Can a Host Country Increase Human Capital by Accepting Study Migrants?"

Richard WERNER*, Tapas MISHRA "Fertility Decline and Endogenous Policy Intervention: A People Quantitative Easing Approach for Demographic Trend Reversal"

Session 5A: Industrial Organization and Structural Policy Chair: Takashi YANAGAWA

Ichiro WATANABE*, Soichiro TAKAGI "Mapping Technological Trajectories as Patent Citation Networks: A Study on the Technological Field of Computer Graphic Processing Systems"

Mahbubul Alam CHOWDHURY "Frugal Innovation Strategies of Electric Vehicles: A New Era"

Charvin LIM, Vincentius Andrew NUGROHO*, Nadia Restu UTAMI "A Non-linear Relationship between Banking Competition and Risk-taking: An Evidence from Indonesia"

Session 6A: Labor Economics and Policy Chair: Risa HAGIWARA

Ewa GAŁECKA-BURDZIAK*, Joanna FELCZAK, Piotr BŁĘDOWSKI, Marek GÓRA "Labour Force Reintegration or Recidivism: To What Extent Do Unemployment Benefits and Employment Matter?"

Lisa Jane DE GARA "The Cost of Every Child to Our Nation: Assessing Economic Birth Rate Incentives and Nativist Sentiment in Advanced Economies"

Kazuma KOBAYASHI "Comparative Study of RPA and Digital Labor Between Japan and Western Countries"

Session 10A: Resource and Environmental Policy Chair: Akira MAEDA

Jiaxing WANG*, Shigeru MATSUMOTO "Can the Subsidy Program Change the Customer Base of Next-generation Vehicles?"

Aileen LAM*, Jean-Francois MERCURE, Soocheol LEE "Trade-off and Synergies in Policy Incentives on Mitigating CO_2 Emissions from the Passenger Cars in Five Major Economies"

Session 11A: International Economic Policy Chair: Toshiyasu IZAWA

Tomoya SUZUKI "Why Do Asylum Seekers Come to Europe from Conflict-Affected Countries?"

Giorgi BENASHVILI "China's One Belt and One Road Initiative and its Prospects for Georgia"

Session 2B: Public Finance and Fiscal Policy Chair: Akira YOKOYAMA

Pubudini Tamara Damburae LIYANAGE*, Kopalapillai AMIRTHALINGAM "Causal Relationship of Taxation and Economic Growth in Sri Lanka"

Meng-Yi TAI*, Shih-Wen HU "The Effects of Acquisition and Subsidy Policies on the Farm Price Dynamics"

Khoirunnurrofik KHOIRUNURROFIK*, Yusuf DWINANTORO "Quality of Spending and Human Development : Does Accountability Matter?"

Session 3A : Monetary and Financial Policy Chair: Cheol Soo PARK

Jauer CHEN, Rajarshi MITRA* "Demographics and Macroeconomics: Effects on the Japanese Stock Market"

Clarisa Joy ARELLANO "The Sectoral Effects of Monetary Policy: Evidence from the Philippines"

Chien-Jung TING*, Hsiang-Min LIN "Examine the Financial Contagion Effects in European Countries"

Session 4B: Growth, Development and Population Policy Chair: Yasuyuki IIDA

Hiroyoshi KASAHARA "Control Immigration and Gradual Growth in GVC"

Etsusaku SHIMADA*, Tomoko KINUGASA "Determinants of Urban Population's Local Migration and Lifestyle Changes in Japan"

Magdalena OSINSKA*, Jerzy BOEHLKE, Maciej GALECKI, Marcin FALDZINSKI, Yochanan SHACHMUROVE "Population and Human Capital as Key Factors of Economic Growth in Israel"

Session 5B : Industrial Organization and Structural Policy Chair: Akio TORII

Satoru HASHIMOTO "Why Doesn't Japan Have a Natural Gas Pipeline Network?"

Yi-Jie WANG*, Wen-Jung LIANG "Location, Price, and Welfare in the Oligopoly with One Online Firm"

Yen-Ju LIN "Technology Licensing, Two-part Tariffs and Socially Efficient Entry"

Session 8: Welfare and Social Policy Chair: Kazuhiro YAGUCHI

John Paul FLAMINIANO, "Conditional Cash Transfers and Shocks: Evidence from the Philippines"

Shinsuke ITO*, Takahisa DEJIMA "The Relationship between Household Type and Consumption Patterns in Japan- Evidence from the Japan's National Survey of Family Income and Expenditure"

Naohiko WAKUTSU*, Hiroshi NAKAMURA, Takeshi SUZUKI, Satoshi MURAYAMA "Does 'Drug Lag' Still Exist in Japan? An Empirical Analysis of Submission Lag in Japan Behind the U.S."

Session 9A: Regional, Urban and Transportation Policy Chair: Takao KOMINE

Aomar IBOURK, Jabrane AMAGHOUSS* "Determinants of Moroccan Youth Exclusion: Dropping out of University as a Case Study"

Chenghua JIN*, Misuzu TAKAO, Masahiro YABUTA "Structural Change in Rural Communities and Agricultural Decline in Japan"

Session 2C: Public Finance and Fiscal Policy Chair: Kanae MUSHA

Natasha MIAOULI*, Panagiota KOLIOUSI "Efficient Bargaining Versus Right to Manage in the Era of Liberalization"

P. D. C. S. DHARMADASA "Public Debt, Population Aging, and Fiscal Sustainability: The Case of Sri Lanka"

Yirui XU*, Yongyou LI, Hongshi JIN, Shian-Jang TZENG, Jianfu DING "The Dynamic Analysis of Maintenance Policy in A Growing Economy with Public Capital"

Session 3B: Monetary and Financial Policy Chair: Toshinori TSUCHIDA

Rania KABIR*, David FLATH "Government Banks and Financial Development"

Gadong Toma DALYOP*, Kingsley Kene NWACHUKWU "Political Instability and Corporate Board Decision Making Among Deposit Money Banks in Nigeria"

Session 4C: Growth, Development and Population Policy Chair: Terukazu SURUGA

Kohei TAKENAKA*, Yuko ARAYAMA "Analysis of Export-led Economic Growth in East Asia"

Arshad ALI "Effect of Pakistan's Ticking Population Bomb on Economy: Empirical Insight into Trio of Women Education, Population and Economic Growths"

Session 6B: Labor Economics and Policy Chair: Mitsuhiko IYODA

Nathan MUNIER*, Samuel AMPONSAH, Samreth SOVANNROEUN "The Determinates of Child Labor in Ghana's Cocoa Sector"

Ryokichi CHIDA*, Risa HAGIWARA "Parental Leave Reform and Cohort Heterogeneity; Which has larger Effects on the Choice of Married Women in Japan?"

Chung-Khain WYE*, Elya Nabila Abdul BAHRI, Ishak YUSSOF, Wei MAO "How Are Energy and Employment Related? An Analysis in ASEAN-5 Open Economies"

Session 9B: Regional, Urban and Transportation Policy Chair: Takahiro TSUGE

Misuzu TAKAO "Effect of 'Green Tourism' Activities on Participants' Environmentally Friendly Behaviour"

Kazuhiko NAKAHIRA*, Masahiro YABUTA "Estimating the Effect of Tourism Demand Seasonality in Japan"

Mariam JIBUTI "Convergence and Growth - Conflicting Goals of Economic Policy"

Session 10B: Resource and Environmental Policy Chair: Masahiro YABUTA

Shin KINOSHITA "Conjoint Analysis of Japanese Households' Preferences for Renewable Energy and the Conditions for its Diffusion"

Aina URANO "An Analysis of Climate-related Risk Awareness and Disclosure in Japanese Companies"

Nak-Gyun KIM "Abatement Cost Estimation of Greenhouse Gas and Particulate Matters by Environmental Policies on Electric Power Sector in Korea"

Session 12: Law and Economics Chair: Daisaku GOTO

Xiaoqing LAN*, Yohanes Eko RIYANTO "An Experimental Investigation of Cost Structure and Delegation in Contests"

Saeeda BATOOL*, Saira TUFAIL "Investigating the Nexus of Political Regimes, Public Services Delivery and Distributional Inequality"

Special Session 3C: Monetary and Financial Policy Chair: Takao IIDA

John BEIRNE "Financial Cycles in the Asia Pacific Region: Characterization, Synchronization and Determinants"

Long TRINH*, Peter MORGAN, Lan NGUYEN "Financial Stress Spillover among Advanced and Emerging Economies"

Bihong HUANG*, Quanyun SONG, Yu WU, Lixin Colin XU "Monetary Policy and SME Financing Costs: Evidence from a Quasi-Experiment"

Session 4D: Growth, Development and Population Policy Chair: Yuko ARAYAMA

Md. Abdus SALAM "Explaining Yield Difference between Aman and Boro Rice in Bangladesh"

Zhaoyuan LIU*, Soichiro TAKAGI "An Analysis of Strategic Housing Market Assessment as an Evidence for the UK Local Housing Policy"

Abdul Wahid Fajar AMIN "Labor Productivity and Poverty Reduction in Indonesia: An Assessment"

Session 5C: Industrial Organization and Structural Policy Chair: Yukio MIYATA

Toshiki MATSUOKA "Horizontal Merger with Cost Uncertainty in Differentiated Market"

Yasuyuki KUSUDA "Buy-Online-and-Pick-up-in-Store in Omnichannel Retailing"

Session 7: Public Economics and Public Choice Chair: Taro OZAWA

Yoji INABA "New Frontiers of Social Capital Study"

Mathieu BUNEL*, Elisabateh TOVAR "Social Norms, Financial Penalties and Discriminatory Behavior: A Questionnaire-Experimental Evidence"

Koji YASUDA "Microdata Analysis about the Effects of Health Status and Bequest Motive on the Elderly Household Assets in Japan"

Session 11B: International Economic Policy Chair: Yukihiro IIDA

He GAO*, Yoji TANIGUCHI "China-US Trade War: A Public Choice Perspective"

Shafiah Meike Serepina PASARIBU*, Ivantia Savitri MOKOGINTA, Charvin LIM, Yohanes Andika TJITRAJAYA, Ferensky Regina SANDJAJA "The Importance of Economic Openness on Technical Efficiency in Global Perspective"

Mirzosaid SULTONOV "The Impact of International Political and Economic Events on Japanese Financial Markets"

Note: The mark * right after the name shows that the person is the speaker.

〈経済政策ジャーナル第 16 巻第 1 号〉2019 年 9 月 30 日発行
【会長講演】
柳川隆「国際性・総合性・実践性を備えた経済政策研究に向けて」

【メモリアルセッション】
福田敏浩「野尻武敏先生－人と学問－」
【研究論文】
高橋勇介・要藤正任・小嶋大造「ふるさと納税制度の利用者の属性と要因分析－一般的な「寄附」との比較からの検証－」
赤木邦江・江刺紀理・田中喜行・勇上和史「大学進学における地域間格差と賃金プレミアム－大学収容率の地域間格差に注目して－」
中野あい「職種の学歴・性別構成が賃金に与える影響」
村田慶「教育選択と出生率および経済成長」
村田慶・林馨卿「女性雇用と年金負担が出生率および経済成長に及ばす影響」

⟨*International Journal of Economic Policy Studies*, Vol. 13, No. 2⟩ 2019 年 8 月発行
○ Special Feature: Recent Monetary Policy
　Naotsugu HAYASHI "Preface to the Special Feature on Recent Monetary Policy"
　Jerry L. JORDAN "New Challenges for Monetary and Fiscal Policies"
　Naotsugu HAYASHI "Recent Unorthodox Monetary Policies vs. Orthodox Theory of Monetary Policy: Comments and Views on Jordan"
　Sayuri SHIRAI "Overview of the Bank of Japan's Unconventional Monetary Policy during the Period 2013-2018"
　Megumu KINUGAWA "The Unconventional Monetary Policy of the Bank of Japan During the Period 2013-2018: Comments and Views on Shirai"
　Yoshinori SHIMIZU "Monetary Easing Policy and Stable Growth: A Theoretic Approach"
　Keiichiro KOBAYASHI "Why Deflation Continues under Extraordinary Monetary Expansion? Comments and Views on Shimizu"
○ Research Article
　Jiaxing WANG, Makoto SUGINO, Shigeru MATSUMOTO "Determinants of Household Energy Efficiency Investment: Analysis of Refrigerator Purchasing Behavior"
　Haoliang ZHU "A Quantitative Analysis of Global Value Chains: Why Has Domestic Value-Added of China's Exports Increased?"
　James MORLEY "The Business Cycle: Periodic Pandemic or Rollercoaster Ride?"

編者紹介

小淵　洋一（おぶち　よういち）城西大学現代政策学部非常勤講師
1971年明治大学大学院政治経済研究科博士課程単位取得，城西大学経済学教授，現代政策学部教授，現代政策学部客員教授を経て，2018年より現職．著書に『現代の交通経済学』（中央経済社，1993），『現代の都市経済学』（中央経済社，2018）など．

谷口　洋志（たにぐち　ようじ）中央大学経済学部教授
博士（経済学）（中央大学），富士短期大学，麗澤大学を経て1997年より現職，2019年より副学長．著書に，『中国政治経済の構造的転換』（編著，中央大学出版部，2018），『先端技術と経済・雇用との調和に関する提言』（編著，政策研究フォーラム，2019）など．

柳川　隆（やながわ　たかし）神戸大学先端融合研究環教授
Ph. D.（ノースカロライナ大学チャペルヒル校），名古屋学院大学を経て現職．著書に『産業組織と競争政策』（勁草書房，2004），『ミクロ経済学・入門（新版）』（編著，有斐閣，2015），『セオリー＆プラクティス経済政策』（編著，有斐閣，2017）など．

執筆者紹介 （執筆順）

貫　真英（ぬき　まさひで）城西大学経済学部准教授
一橋大学大学院経済学研究科博士課程単位取得退学．2013年より現職．著書に『環境保全への途──アジアからのメッセージ』（共著，有斐閣，2006），『統計データで読み解く移動する人々と日本社会』（共著，ナカニシヤ出版，2013）など．

谷口　眞司（たにぐち　しんじ）財務省大臣官房地方課長
1990年東京大学経済学部卒業．1993年ケンブリッジ大学大学院経済研究科修士課程修了．1990年大蔵省（現財務省）入省後，金融庁，長崎大学経済学部教授，内閣官房オリパラ事務局参事官などを経て，2018年より現職．

末永　國紀（すえなが　くにとし）同志社大学名誉教授，近江商人郷土館館長
博士（同志社大学）．京都産業大学，同志社大学経済学部教授を経て2013年より現職．『近江商人三方よし経営に学ぶ』（ミネルヴァ書房，2011），『近江商人と三方よし　現代ビジネスに生きる知恵』（モラロジー研究所，2014）など．

石坂　典子（いしざか　のりこ）石坂産業社長
2002年より現職．同社は2012年に日本生態系協会のJHEP（ハビタット評価認証制度）で最高ランクの「AAA」を取得．著書に『五感経営　産廃会社の娘，逆転を語る』（日経BP, 2016），『どんなマイナスもプラスにできる未来教室』（PHP研究所，2017）など．

上山　信一（うえやま　しんいち）　慶應義塾大学総合政策学部教授
プリンストン大学大学院（公共経営学修士）．運輸省，マッキンゼー（共同経営者），等を経て 2007
年より現職．国交省政策評価会座長，大阪府・大阪市特別顧問，愛知県政策顧問等兼職．著書に『公
共経営の再構築——大阪から日本を変える』（日経 BP，2012）など．

小峰　隆夫（こみね　たかお）　大正大学地域創生学部教授
1969 年東京大学経済学部卒．経済企画庁経済研究所所長，物価局長，調査局長，法政大学教授など
を経て，2017 年より現職．日本経済研究センター研究顧問も兼ねる．著書に『日本経済論講義』（日
経 BP 社、2017），『平成の経済』（日本経済新聞出版社、2019）など．

小黒　一正（おぐろ　かずまさ）　法政大学経済学部教授
経済学博士（一橋大学）．1997 年大蔵省（現財務省）入省後，財務省財務総合政策研究所主任研究官，
一橋大学経済研究所准教授などを経て，2015 年 4 月より現職．著書に『財政危機の深層』（NHK 出
版新書），『薬価の経済学』（編著，日本経済新聞出版社）など．

駒村　康平（こまむら　こうへい）　慶應義塾大学経済学部教授
博士（経済学），慶應義塾大学ファイナンシャルジェロントロジー研究センター長．国立社会保障人
口問題研究所，東洋大学を経て 2007 年より現職．著者に『日本の年金』（岩波書店，2014），『社会政
策——福祉と労働の経済学』（編著，有斐閣，2015）など．

日本経済政策学会叢書2

地域創生，そして日本創生へ

2020年2月25日　第1版第1刷発行

編者　小淵　洋一
　　　谷口　洋志
　　　柳川　隆

発行者　井　村　寿　人

発行所　株式会社　勁　草　書　房

112-0005　東京都文京区水道2-1-1　振替　00150-2-175253
（編集）電話 03-3815-5277／FAX 03-3814-6968
（営業）電話 03-3814-6861／FAX 03-3814-6854
本文組版 プログレス・港北出版印刷・牧製本

日本経済政策学会叢書刊行にあたって

　このたび，日本経済政策学会では，日本経済政策学会叢書（以下，叢書）を刊行するはこびとなりました．日本経済政策学会は，1940 年に設立されたわが国ではもっとも長い歴史を有する経済学系の学会の 1 つとして，これまで日本における経済政策学の研究と人材育成に貢献してきました．学会の主な活動として，主として日本語で開催する全国大会とすべて英語で開催する国際会議という 2 つの研究集会と，主として日本語による『経済政策ジャーナル』と英語による *International Journal of Economic Policy Studies*（以下，IJEPS）という 2 つの査読学術誌を刊行しています．このほか，関東部会，中部部会，関西部会，西日本部会がそれぞれ部会の大会を実施しています．2018 年には，第 75 回の全国大会，第 17 回の国際会議を実施し，第 15 巻第 1 号（通巻第 79 号）の『経済政策ジャーナル』，第 12 巻の IJEPS を刊行してきました．

　2018 年には，これまで勁草書房から刊行していた『経済政策ジャーナル』を学会ホームページ上のオンラインジャーナルとする一方で，IJEPS を学会ホームページ上のオンラインジャーナルからシュプリンガー＝ネイチャー社からのオンラインジャーナルと冊子体の刊行に転換して，研究成果の国際的な発信を強化することにいたしました．

　それにあわせて，さらに研究成果の一般向け，学生向けの情報発信の役割をよりいっそう果たすため，勁草書房より叢書を刊行することにいたしました．叢書は 2 つの特集からなり，第 1 は全国大会の大会テーマに関する講演を一般向けに書き直したもので，これが叢書の主な柱となります．第 2 はわが国のさまざまな政策分野の中から 1 つを取り上げ，おおよそ 5 ～ 10 年の間の政策について展望します．

　本書の最後には，日本経済政策学会の活動のご紹介として，直近の全国大会と国際会議のプログラム，および経済政策ジャーナルと IJEPS の論文のご紹介を掲載しております．ご関心がありましたら，それぞれのホームページをお訪ねください．

2019 年 1 月

日本経済政策学会

会長　柳川　隆